北京联合出版公司

# 元大都的社会生活

张双智 著

**图书在版编目（CIP）数据**

元大都的社会生活 / 张双智著 . —北京：北京联
合出版公司，2023.3
ISBN 978-7-5596-6584-3

Ⅰ.①元… Ⅱ.①张… Ⅲ.①社会生活—历史—中国
—元代 Ⅳ.① D691.9

中国国家版本馆 CIP 数据核字（2023）第 011525 号

## 元大都的社会生活

作　　者：张双智
出 品 人：赵红仕
出版监制：刘　凯
责任编辑：申　妙
封面设计：阿曼谷
内文排版：麦莫瑞文化

北京联合出版公司出版
（北京市西城区德外大街 83 号楼 9 层　100088）
固安兰星球彩色印刷有限公司　北京联合天畅文化传播有限公司发行
字数 136 千字　787 毫米 × 1092 毫米　1/32　8 印张
2023 年 03 月第 1 版　2023 年 03 月第 1 次印刷
ISBN 978-7-5596-6584-3
定价：58.00 元

# 序言

将"元大都的社会生活"作为一个研究主题，是一个偶然的机会。20年前的一天，我到元大都遗址公园游玩，见到一些游人在元朝宫廷生活塑像前指点评说，像是在与古人交谈，气氛很热烈。于是，萌生了一个想法：应该用大量确凿史料，揭示元大都的社会生活，这对于人们了解北京的历史，充分挖掘、利用历史文化资源，丰富今天的文化生活，是有益处的。

当然，这是个很大的课题，不是短时间可以完成，要一步一步做才行。于是，产生了这本通俗性小书。

谈到元大都的社会生活，首先要了解大都人的生活环境。这要先从元大都的建造历史开始。根据《元史》有关文献史料，至元四年（1269年）开始修建宫室，十一年（1274年）宫阙告成；至元九年（1272年）"敕修筑都城"，即大都城，十三年（1276年）完工。二十二年（1285年）完成官署等主要建筑工程。以后还陆续不断营建。

根据《元史·地理志》的记载，大都"城方六十里，门十一座"。20世纪60-70年代的元大都考古发掘证实："经实际勘察，元大都平面略作长方形，北城墙长6730米、东城墙长7590米、西城墙长7600米、南城墙长6680米、周长28600米。四周辟门十一座。正南三门，分别为文明门（今东单南）、丽正门（今天安门南）、顺城门（今西单南）。北面二门，健德门（今德胜门小关）、安贞门（今安定门小关）。东面三门为光熙门（今和平里东）、崇仁门（今东直门）、齐化门（今朝阳门）。西面三门为平则门（今阜城门）、和义门（今西直门）、肃清门（今学院路西端）。现在北郊仍保留有∏形土丘遗迹，俗称'土城'。东西两面城墙南段与明清北京城墙的东西城墙是一致的。城墙全部用土夯筑，城基宽达24米。为了防止雨水冲刷，在土城上覆以苇排，同时在西城墙土城顶部中心，有长300米的专供排水用的半圆形瓦管。"

当时的元大都属中央政府"直辖"，各个方面由中央各部分别管理，例如，军政属枢密院，营建工程属工部，糟运和税收直属户部等。同时，设置大都路都总管府和大都留守司，负责日常行政管理。

大都路都总管府（相当于现代的省）领六县（大兴、

宛平、良乡、永清、宝坻）、十州（涿州、霸州、通州、蓟州、漷州、顺州、檀州、东安州、国安州、龙庆州。这十州共领十六县）。辖区相当于现代的北京市、天津市和河北省保定、廊坊和唐山的部分地区。都总管府下设：大都路兵马都指挥司二，分置南城和北城，"掌京城盗贼奸伪鞠捕之事"；司狱司三，"掌囚系狱具之事"；左、右警巡院和大都警巡院，"领民事及供需"；大都路提举学校所，提举由国子祭酒兼；管领诸路打捕鹰房总管府；东关厢和西北、南关厢巡检司，"掌巡捕盗贼奸宄之事"。

大都留守司，名为留守，实为常设机构，"掌守卫宫阙都城，调动本路供亿诸务，兼理营缮内府诸邸，都官原庙、尚方车服、殿庑供帐、内苑花木，及行幸汤沐宴游之所，门禁关钥启闭之事"。（《元史·百官志六》）其主要职掌是守卫、营建、维修皇宫和皇家寺庙以及相关的物资供应。

根据《元史·地理志一》所载，元初至元七年（1270年）统计，大路计"户一十四万七千五百九十，口四十万一千三百五十"。到元朝后期，人口会有些变化，但找不到更加确切的统计数字。

本书是以元大都城区和近郊（即现在的北京市辖区）为主要研究对象，大都路的其他地区从略。

# 目录

# 第一章

# 皇宫生活面面观

大都是元代全国政治、军事、经济、文化的中心，而皇宫则是大都的中心。其他的一切，例如，各种建筑和城市设施等，都是因皇宫而产生形成，可以视为皇宫的附属。皇宫里的帝后等特殊人群，生活在一个深沟高墙、警卫森严的封闭空间，形成一个神秘世界，但它毕竟是大都社会生活的一部分，和宫外的大都社会有着千丝万缕的联系。由于皇宫的特殊社会地位，它对大都社会生活的方方面面都有着重大影响。所以，我们研究元大都的社会生活，应该将皇宫的生活放在前面。它虽然神秘，但我们可以利用大量的文献史料和科学的想象力，穿透冗冗的时空隧道，对其进行"透视"。

## 多民族文化融为一炉的皇宫

### ——以神奇的大明殿为例

元朝是一个地跨亚欧的大帝国，在我国统一多民族发展史上，具有里程碑意义。它继往开来，把历史上形成的各民族政治、经济、文化的密切联系提高到了一个新的历史阶段，极大地强化了边疆各少数民族的国家意识，为近现代中华民族的形成与近现代国家版图的确定，打下了坚实的历史基础。例如，元朝通过一系列创造性政策措施，把吐蕃纳入中央王朝的统一管理。大都皇宫反映了元代的这些历史特点。宫殿融合了汉、蒙古、藏、维吾尔等多民族建筑艺术特点，堪称多民族建筑艺术博物馆。

很多元史、宫廷、建筑史专家都注意到了元大都皇宫的多民族文化元素问题，并有不少论著问世。深入研究和说明这个问题需要专门著作，这里仅引用《中国古代建筑史》略作说明，其原文如下："大都的宫殿穷极奢侈，使用了许多稀有的贵重材料，如紫檀、楠木和各种色彩的玻璃等。在装饰方面，主要宫殿用方柱，涂以红色并绘金龙。墙壁上挂毡毯和皮毛、丝质帷幕等。这是由于他们仍然保持着游牧生活习惯，同时也受到喇嘛教建筑和伊斯兰教建筑的影响。壁画、雕刻也有很多喇嘛教的题材和风格。宫城内还有若干盝顶殿及畏吾尔殿、棕毛殿等，是以往宫殿所未有的。"

全面、深入地说明这个问题需要专门著作，这里仅以大明殿为例，略作介绍与这些建筑有关的帝王生活。

大明殿是大都皇宫的主殿，即举行朝会大典的正殿，相当于故宫里的太和殿（俗称金銮殿）。但它和我们经常见到的明清建筑的太和殿大不相同，有许多神奇之处。例如，它的建筑和内部布置像一座大喇嘛庙；殿前养植大片草坪；殿内安置十二生肖人身兽首辰像自鸣钟；殿内放置皇后和百官坐床，以及大酒瓮等等。这些，是将汉族、蒙古族和藏族文化融为一炉，所以和历代皇宫相比，显得非常奇特。

## 大明殿的建筑和殿内布置像一座大喇嘛庙

根据元代陶宗仪《辍耕录》记载，大明殿与皇宫内延春阁（寝宫）、延华阁（日常处理政务的便殿）等重要的起居和处理政务的场所，都是参照喇嘛庙建筑形制——琉璃瓦覆殿顶，脊置宝瓶（这是喇嘛庙佛殿建筑的典型特征。明清时期的皇家喇嘛庙仍保持这个特点）。

同时，《辍耕录》记大明殿为十一开间。忽必烈在太液池（今北海）处理日常政务的仪天殿，也是十一间。这与汉族古代宫室建筑规制不相符合。古代以三、

五、七、九为阳数（代表阳刚吉祥），九为阳数极数，超过九的阳数统为九的倍数（例如道家所说的三十六洞天、七十二福地，古典小说中的七十二变化，一百零八将等等，都取意于此），古代宫殿建筑的开间都是三、五、七、九之数，大都宫殿的绝大数建筑，也是如此（《辍耕录》有详细记载）。大明殿和仪天殿是特例。结合其殿内按佛殿布置和一些重要殿堂顶脊置宝瓶等建筑特点，以及八思巴为忽必烈两次传授金刚灌顶的特定历史背景等综合研究，大明殿和仪天殿十一开间，应当是取意于藏传佛教的特有宗教仪轨——十一种宝瓶灌顶。

作为皇宫正殿的大明殿，内部按佛殿布置。这也是历代汉族王朝皇宫所没有的，是历史上仅见的。这是忽必烈根据帝师八思巴的建议决定的。《元史·祭祀志（六）》说："世祖（忽必烈）至元七年（1270年），以帝师八思巴之言，于大明殿御座上置白伞盖一，顶用素缎，泥金书梵字于其上，谓镇伏邪魔护安国刹。"

这种佛殿布置格局，与八思巴决定创建的萨迦南寺大殿，有很多相似之处。至元四年（1267年）夏，八思巴奉忽必烈之命由后藏返回内地，途经拉萨时，决定在萨迦派祖寺（萨迦北寺）近傍建立一座政教合一的萨迦政权（当时，统一管理西藏政教事务的地方政权）寺庙官署，其中心建筑——萨迦寺大殿（也称萨迦南寺，殿中塑高大的释迦牟尼和文殊菩萨像以及排列坐褥，为僧众诵经之处。大明殿的布局与之相仿佛，以御座（以皇帝喻佛）为中心，排列文武官员坐床。《元史·祭祀志》所说御座上置白伞盖，并泥金书梵文佛经，是以忽必烈喻大白伞盖佛母。

大白伞盖佛母是密宗本尊之一。白色身，一种呈多手多足重头忿怒相，一种是一面二臂三目金刚跏趺而坐的温柔女性形象。据《大白伞盖经》说，此佛母为诸佛之母，有大威力，放大光明，能以佛之净德覆盖一切，以白净大慈悲遍覆法界，众生在其庇护下赖以生存。明白其宗教上的意义，对于八思巴于大明殿御座上置大白伞盖的政治寓意，自然不难理解。

对于它的政治寓意，当时人们也是清楚的。因为这用在崇天门树铁柱置金轮向世人作公开宣示。《析津志·岁记》就说："至元丁卯四年，世祖皇帝用帝师班（建？）言，置白伞盖于御座之上，以镇邦国，仍置金轮于崇天门之右，铁柱高数丈，以铁緪四系之意，以表金转轮王统制四天下，皆从帝师之请也。"

崇天门是宫殿区南门（相当于明清紫禁城的南门—天安门）树铁柱置金轮，这也是八思巴参照萨迦南寺提出的建议。在萨迦南寺两道围之内，大殿附近，树有数丈高的幡杆（明清时期的喇嘛庙大殿前也树幡杆，悬挂经咒，也叫经幡）。崇天门旁的所谓"铁柱"，即相当于喇嘛庙树立的幡杆，置金轮，意喻金转轮王。佛经上说转轮王（又称转轮圣王，简称"轮王"）有金、银、铜、铁四轮王，征服四大部洲一切众生。其中，金轮王最大最神圣，他以神力征服四大部洲、三十三天界，故亦称大轮王（银、铜、铁是其儿子）。《析津志》说，崇天门铁柱置金轮，"以表金转轮王统制天下"，将其政治象征意义说得很明白，忽必烈为金轮王出世，必然统一天下。

### 殿内安置十二生肖人身兽首自鸣钟

大明殿有许多精巧的机械，其中以水为驱动力的十二生肖人身兽首自鸣钟最为奇特。《辍耕录》卷二十一记："（大明殿）置灯漏贮水运机，小偶人当时刻捧牌而出。"元代著名诗人柯九思《宫词》诗记其事："玉漏藏机水暗流，真珠射日动灯毬。偶人自解开青琐，高拱龙床报晓筹。"并于诗后注明："大明殿有灯漏，饰以真珠，内为机械，以小木偶人十二捧十二相属。每辰初到，偶人相代，开小门出灯外板上，直御床立，捧辰所属，以报时。"

《元史·天文志》更有较详细记载："灯漏之制，高丈有七尺，架以金为之。其曲梁之上，中设云珠，左日右月。云珠之后，复悬一珠。梁之两端，饰以龙首，张吻转目，可以审平水之缓急。中梁之上，有戏珠龙二，随珠俯仰，又可察准水之均调，凡此皆非徒设也。灯毯杂以金宝为之，内分四层，上层环四神，旋当日月参辰之所在，左转日一周。次为龙虎乌龟之像，各居其方，依刻跳跃。镜鸣以应于内。又次周分百刻，上列十二神，各执时牌。至其时，四门通报。又一人当门内，常以手指共刻数。下四隅，钟鼓钲铙各一人，一刻鸣钟二刻鼓，三钲四铙，初正皆如是。其机发隐于柜中，以水激之。"其中所说"十二神"即柯九思诗注中所说捧十二生肖人身兽首的木偶人。

十二生肖在中国历史上的起源很早。兽首人身的十二生肖辰像（古人将每昼夜分为十二个时辰，并以子丑等十二地支各代表一个时辰，子时为晚11时至凌晨1时，余以此类推。又以鼠、牛等十二生肖相配，即为兽首人身十二生肖像）是华夏先人天人合一思想的产物，它的起源也很早，可以肯定的是，它在一千多年前的唐代就有了。这在北京地区就有证明。清朝康熙二十年（1681年）就发现过唐代石刻兽首人身十二生肖时辰相。清人吴长元撰《宸垣识略》记其事："康熙辛酉（1681年），西安门内有中官治宅掘地，得卞氏墓志，刻十二辰相，皆兽首人身，题曰'大唐故濮阳卞氏墓志。文曰贞元（唐德宗李适年号）十五年（799年）岁次己卯七月（余略）'"。这是刻在墓志上的十二辰相，距今已有1200多年。

史料记载，13世纪中期，即距今700余年前，科学家郭守敬将自己制造的以水为动力的十二生肖人身兽首辰像安置于宫廷，作为报时装置。

郭守敬（1231—1316），字若思，顺德邢台人（今属河北）。元代著名文学家、水利学家、数学家。曾任都水监，兼提调大都（今北京）通惠河槽运事，修治过许多河渠。与王恂、许衡等人共同编制了比以往准确得多的《授时历》，施行达360年。他还精于仪器和机械制造，创造和改进了简仪、仰仪、高表、景符和窥仪等十余种观测天像的仪器，以及玲珑仪、灵台水浑等表演天像的仪器。同时在全国各地设立27个观测站，进行规模宏大的大地测量工作，重新观测了二十八宿及其它恒星的位置，测定了黄赤交角，达到较高的精确度。元人齐履谦为记述其生平事迹而撰写的《知太史院事郭公行状》，特别记述了他为元世祖忽必烈制造贡献这精巧报时装置的事："公于世祖朝进七宝灯漏。今大明殿每朝会张设之。其中钟鼓皆应时自鸣。"

附带说明一个问题。一个时期以来，报刊、网络、电视等宣传媒体，将法国佳士得拍卖中国圆明园两个十二生肖铜兽首的事，集政治、民族感情、经济、商贸、文化、文物等元素烩为一锅，可谓五味杂陈，我们这些普通老百姓很难解其中味，当然也不求详解。只是感到一点，就是媒体宣传的十二生肖铜兽首的身世与本人所见到的史料相去甚远，就此想说几句话。先摘录某报一段文字："目前为国人争执不下的兽首们，设计监制者却是外国人。资料表明，兽首铜像原为圆明园海晏堂外水力钟的喷泉的一部分，十二生肖兽首以水报时，为清乾隆年间红铜铸像。这组铜像由欧洲传教士意大利人郎世宁主持设计，法国人蒋友仁设计监修，宫廷匠师制作。1860年英法联军火烧圆明园之后，和园内的各式宫廷珍宝一样，这批铜像自此流失海外。"各种报刊等宣传媒体虽文字稍有不同（有的还增加了动人故事情节），但都认同此说，大同小异而已。似乎真的是两个欧洲传教士设计制造了兽首人身十二生肖报时装置，为中国古代文化史、工艺制造史，留下段精彩的佳话。其实这只是文学笔法，与历史事实是两回事。

从前述史料可以知道，兽首人身十二生肖像是我国古代人民的集体创作，以水为驱动力的十二生肖时辰装置，是13世纪我国大科学郭守敬发明创造，拥有"专利权"。不能随意将其送给18世纪来华供奉于清朝宫廷的两个欧洲传教士。虽然郎世宁在设计铜兽首时带入欧洲传统的喷水艺术，但其原创权仍然属于中国科学家。

## 大明殿前植草坪

在皇宫正殿前养植大片草坪，这是历代所不曾有的，所以时人多以为忽必烈美德，诗文多有记述。元末叶子奇《草木子》说："元世祖皇帝（忽必烈）思太祖（成吉思汗）创业艰难，俾取所居之地青草一株（按：应为一片），置于大内丹墀之前，谓之誓俭草，盖欲使后世子孙知勤俭之节。"；元代著名诗人柯九思《宫词》也写诗咏其事："黑河万里连沙漠，世皇深知创业难，数尺栏杆护青草，丹墀留与子孙看。"并恐怕读诗之人难于理解，特别注明："世祖建大内，命移沙漠莎草于丹墀，示子孙忽忘。"；元代另一著名诗人张昱《辇下曲》也有诗咏其事："墀左朱栏草满丛，世皇封殖意犹浓。艰难大业从兹起，莫忘龙沙汗血功。"

## 是殿内安置皇后和诸王、百官坐床与酒瓮

《辍耕录》卷二十一记："（大明殿）并设后位，诸王、百寮、集赛官侍宴坐床，重列左右。……木质银裹漆瓮一，金云龙蜿蜒绕之，高一丈七尺，贮酒可五十余石，雕像酒桌一，长八尺，阔七尺二寸。玉瓮一、玉编磬、巨笙一、玉笙、玉箜篌，咸备于前。"

图1 元世祖后及顺宗后半身像
（中国台北故宫博物院藏）

13

在举行朝会大典的金銮殿安设皇宫和百官坐床与大酒瓮，这是我们在现存的明清宫殿（例如故宫的太和殿和沈阳故宫的崇政殿）是见不到的，一般人也是很难想象的。因为汉族文化传统里，女人是不能参政的（武则天称帝是例外），后妃都是住在后宫，不能在金銮殿有坐床，不能与百官共同参加典礼。即使清朝末年慈禧太后专政，也只能是"垂帘听政"。凡遇朝会典礼，听百官奏事，坐在皇位宝座上的仍然是光绪皇帝，慈禧太后只能坐在悬挂的珠帘后面指手划脚，通过太监传话，而不能直接面对群臣，更何况在大殿中与文武百官同设坐床呢？而文武百官面见皇帝只能下跪叩头，奏事时要低头面地，不能直视皇帝，怎能想象在皇帝宝座附近设座床呢？在朝政大殿放置大酒瓮，在汉族传统文化中，在一般人想象中，更是绝对不可能的。

其实，这在元代很正常，是保持蒙古传统习俗。在蒙古创业初期，妇女的社会地位是很高的，不仅和男人一样放牧牛羊，也和男人一样骑马打仗。建立元朝前后，皇帝的正妻（皇后）都是政治联姻的产物。成吉思汗与共创大业的弘吉刺部约定，皇后必为该部之女，意为共同创业，共享天下。所以正妻政治地位很高，对朝政有重要发言权，在各种重要的朝会典礼，都要与皇帝共同出席。所以朝政大殿的皇帝宝座旁，一定要安设皇后宝座。另外，从成吉思汗开始，以争夺天下为家族大业，重大事务都要召开宗王会议（实质是家族会议）。每次大战胜利之后，都要举行盛大宴会，召集诸王、大臣欢饮庆祝。而且是按蒙古包习俗，坐在坐床，欢宴很长时间。大都宫殿建成，也明确了君臣名分，但这种习俗仍旧保留。因此，在朝会大殿安置皇后和诸王、大臣坐床。

忽必烈时期到过大都皇宫的欧洲人马可波罗，也曾经特别注意了这个习俗，并把它记录下来，在著名的《马可波罗行记》第87章写道："大汗开任何大朝会之时，其列席之法如下：大汗之席位置最高，坐于殿北，面南向。其第一妻坐其左。右方较低之处，诸皇子侄及亲属之座在焉。皇族等座更低，其坐处头与大汗之足平，其下诸大臣列坐于他席。妇女座位亦同，盖皇子侄及其他亲属之诸妻，坐于左方较低之处，诸大臣、骑尉之妻坐处更低。各人席次皆由君主指定，务使诸席布置，大汗皆得见之，人数虽众，布置亦如此也。殿外往来者四万余人，缘有不少人贡献方物于君主，而此种人盖为贡献异物之外国人也。"

对于大明殿放置大酒瓮，马可波罗也注意到了，同样记录在他的书中（同前），而且很具体："大汗所坐殿内，有一处置一精金大瓮，内足容酒一桶。大瓮之四角，各列一小瓮，满盛精贵之香料。注大瓮之酒于小瓮，然后用精金大勺取酒。其勺之大，盛酒足供十人之饮。取酒后，以此大勺连同带柄之金盏二。置于两人间，使各人得用盏于勺中取酒。妇女取酒之法亦同。应知此种勺盏价值甚巨，大汗所藏勺盏及其他金银器皿数量之多，非亲见者未能信也。"

同时，他还记录了在大明殿亲眼见到的趣事："每殿门，尤其大汗所在处之殿门，有大汉二人持杖列于左右，勿使入者足触其阈。设有触者，立剥其衣，必纳金以赎。若不剥衣，则杖其人。顾外国人得不明此禁，如是命臣下数人介之人，预警告之，盖视触阈为凶兆，故设此禁也。但出殿时，会食之人容有醉者，罚之则不如入门之严。"

此事在元代文献也有记载，不过大汉所执并非长杖，而是"劈正斧"（可能是因形似而误，或是翻译之误）。这值殿大汉是特选的，《辍耕录》卷一："国朝镇殿将军募选身躯长大异常者充。凡有所请给名曰'大汉衣粮'。年过五十方许出宫。"长柄安玉斧头的"劈正斧"是当时的重要仪仗之一，《辍耕录》卷五："劈正斧以苍水玉碾造，高二尺有奇，广半之，遍地文藻灿然，或曰自殷时流传至今者。如天子登极、正旦、天寿节，御大明殿朝会时，则一人执之立于阶下，酒海（即前文所说大酒瓮）之前，盖所以正人不正之意。"（即纠正违反朝正制度的行为）这里说的比较简略，《元史·礼乐志》对每种朝会劈正斧应处位置，有详细，具体规定，很繁琐，此处从略。

按照元朝制度，各种朝会结束之后，必于大殿举行宗亲、大臣宴会。所以大酒瓮装满酒供痛饮。"黄金酒海赢千石，龙杓梯声给大筵。殿上千官多取醉，君臣胥乐太平年。"——张昱《辇下曲》的这首诗，生动记述了当时情景。盖因元朝各种朝会均按历代王朝仪制，而"朝会燕飨之礼，多从（蒙古）本俗。"（《元史·礼乐志一》）大明殿这些设置，正是根据蒙古旧俗而形成。


## 崇奉喇嘛教（藏传佛教）

元朝奉藏传佛教（俗称喇嘛教。为方便广大读者，本文用其俗称）为国教。皇帝皈依喇嘛教，拜大喇嘛为师，尊奉喇嘛教总护法神玛哈噶拉为护国神，在大都和其他许多地方大量建造喇嘛寺塔，月月年年，按喇嘛教仪轨作佛事活动，可以说，喇嘛教渗透元朝政治和日常生活的各个方面，也是其宫廷生活的重要内容，这里仅作简略介绍：

## 皇帝拜大喇嘛为宗教师

这是元代宫廷生活中的一件大事，对元代政治有着重大影响。此事开端于元世祖忽必烈，他在登上皇位之前，就已经和喇嘛教的萨迦派政治结缘，并拜其教主八思巴为宗教师，1246 年 8 月，西藏各地区和各宗教派别的代表萨迦派教主萨迦班智达携侄八思巴、恰那多吉到达凉州（今甘肃武威），于第二年，与镇守凉州的蒙古宗王阔端举行了历史上著名的"凉州会谈"，达成了西藏归降蒙古汗国的协议。从此西藏正式纳入中央政权的统一管理。不久，萨班病逝，八思巴成为藏传佛教萨迦派新教主。忽必烈认为，这是一支值得重视的政治力量，也是难得的历史契机。于是，派人与八思巴建立了联系，并向其赠送了贵重礼物。

1251 年，忽必烈总领漠南军政，除漠南蒙古、汉户外，黄河流域、西夏故地和吐蕃地区，也尽归忽必烈统辖。1252 年 7 月，蒙哥汗命忽必烈远征云南大理，以钳制南宋。当时，四川还被南宋控制，蒙军要进击云南只能通过甘青、川边藏区进兵。1253 年夏，忽必烈率军抵达六盘山、临洮，即派人就近召请八思巴备咨询。八思巴丰富的历史和宗教知识，打动了忽必烈，使之感到藏传佛教有助于自己的远大政治抱负，八思巴也是创大业有用人才。于是，与之建立了密切的政治联系。先是，王妃察必（后来被封为皇后）向八思巴请求传授萨迦派的喜金刚灌顶。随后，经过一番礼仪上的安排，忽必烈也接受了喜金刚灌顶，在宗教上以八思巴为师。

1253 年底，蒙古军攻克大理，第二年，忽必烈奉蒙哥汗之命班师。八思巴闻知后，从藏地赶赴回师途中的忽必烈营帐与之会面，寻求忽必烈对萨迦派政治上的支持。忽必烈立即以宗王身分颁发给萨迦寺一份诏书。宣示成吉思汗和蒙哥汗对西藏的宗教政策，以及本人对西藏宗教的护持，说明自己皈依藏传佛教，也希望得到西藏僧人政治上的支持。

1256 年，从云南班师的忽必烈，驻于桓州（今内蒙正蓝旗以北）、抚州（今河北张北县以西）一带逐水草而居，由于蒙古汗国上层斗争激烈，忽必烈暂时被解除军权。正在这苦闷彷徨期间，八思巴远程跋涉来到军营，按藏传佛教仪轨，为忽必烈禳灾祈福。数月之后，即 1257 年夏天，八思巴又在忽必烈支持下，到佛教胜地五台山举行盛大法事，为之祈福消灾。1258 年春，忽必烈根据蒙哥汗旨意，在开平（今内蒙正蓝旗），召集佛道辩论大会。八思巴以丰富的历史和宗教知识及其雄辩才能，为佛教击败道教取得胜利作出了突出贡献，他与忽必烈的政治关系，也因此更加紧密。

1258年8月，蒙哥汗亲统大军南征，但多失利。被解除兵权的忽必烈乘机请求率军从征，获准，并直击长江。但，1259年夏，蒙哥汗病逝军中，忽必烈迅即回军北上，参加争夺汗位斗争。1260年3月，忽必烈召开传统的忽里台大会，宣布即蒙古大汗位，建元"中统"。当年十二月，忽必烈即册封八思巴为国师，授玉印，领天下释教。从此八思巴正式成为蒙古汗国一名握有重要权力的行政官员。至元元年（1264年）夏天，忽必烈派八思巴回西藏整顿和建立行政管理机构。至元四年（1267年）八思巴应忽必烈之召从萨迦寺再返大都。（大约于至元五年底或六年初至大都）。八思巴再次按藏传佛教仪轨为忽必烈传授三续大灌顶。忽必烈将吐蕃十三万户作为八思巴的香火地，萨迦派依法正式取得了地方政权，八思巴呈上奉命创制的蒙古新字（后来通常称为八思巴字）。至元六年（1269年）二月，忽必烈下诏颁行，八思巴也因此晋号帝师。

后来，元朝设立宣政院，管理吐蕃（西藏）事务和全国佛教事务，作为主官的宣政院使一般由丞相兼任，位居第二的实际主政官由帝师推荐萨迦派僧人担任。实际上宣政院由萨迦派历任帝师掌控。

张昱《辇下曲》有诗写道："八思巴师释之雄，字出天人惭妙工。龙沙彷佛鬼夜哭，蒙古尽归文法中。"

图 2　第一阿迎阿机达尊者
（中国台北故宫博物院藏）

大意是说，八思巴以其创制的玄妙文字征服了蒙古。

一大批喇嘛随着八思巴和历任帝师从万里之外的西藏高原来到大都，这不仅极大地影响了元代政治，也影响了大都皇宫的生活。

### 喇嘛随意出入皇宫

本来，在封建社会的宫禁重地，是严禁僧人出入的，但元朝例外，喇嘛僧不仅可以进出皇宫，而且受到优礼。这在当时已经算不得什么宫廷秘事，已然是街谈巷议的谈资。当时许多汉族文人写诗为文记其事。例如张昱《辇下曲》："守内番僧日念咒，御厨酒肉按时供"；"西番僧果依时供，小笼黄旗带露装"；"西番灯盏重百斤，刻铭供佛题大臣。黄栖万瓮照无尽，上祝皇釐下已身"。这些喇嘛僧在宫廷受到特殊优礼，而且接受帝后和大臣们布施（奉献钱财）为其诵经祝福。

### 皇帝登极之前先受戒

由于忽必烈皈依喇嘛教，拜八思巴为宗教师，因而形成了一个极为特殊的惯例，就是每个皇帝正式即位之前，须先拜大喇嘛为师，受佛戒九次，才能正式登上象征最高权力的宝座，同时，还有多名近侍陪同受戒——表示皈依藏传佛教。著名的元代笔记《辍耕录》卷二有

《受佛戒》条专记其事："累朝皇帝先受佛戒九次方正大宝（即正式登上皇位——引者），而近侍陪位者必九人或七人，译语谓之'囊达实'一此国俗然也。"

连新皇登基这样最大的政治大事，对于藏传佛教的首领，也给予特殊的礼敬。时人记其事说："皇元累朝即位之初，必降诏诞布天下。惟西番（即西藏——引者）之诏用青绫丝粉书诏文，绣以白绒，穿珍珠网于其上，宝用珊瑚珠盖之。如此赍至其国 [地]，张于帝师所居殿下，可谓盛哉！"。

"上有好者，下必甚焉。"大大小小的官僚争相效尤。这些使本来已经极为腐败的官场更加败坏，同时，也污染了社会风气。"争相慧日破愚昏，白日如常下钧轩。男女倾城争受戒，法中秘密不能言。"——张昱《辇下曲》的这首诗，生动记述了大都各阶层受皇帝影响滥崇喇嘛教之风。


**尊奉喇嘛教护法神玛哈噶拉为军神、战神和护国神**

玛哈噶拉源于梵语"摩诃迦罗"，起源于古印度，和湿婆教有关（可能为众多湿婆神之寸，被视为军神和战神。据唐代著名高僧义净的《南海寄归内法传》，东南亚各国寺庙和粮仓等，都常年香火供其木雕像，藏文《大藏经》译写为玛哈噶拉（藏语中也称其为"滚波"，并认为他是大日如来降服恶魔时所呈现的忿怒像，为众护法神之首，各喇嘛庙都要供奉他。汉文经典把它译写为"大黑天"。玛哈噶拉的形像有多种，一般为三面（三头）二臂、四臂、六臂三种，以六臂最为常见。

藏、汉文各种佛教经典和各种佛教辞书，有关他的介绍很多。这里，仅将《宗教辞典》有关词条转录，以便于一般读者了解："大黑天，佛教密宗护法神之一。梵文为'摩诃迦罗'，藏语称'玛哈噶拉'，为大自在天（古印度湿婆教主神）的化身。青色三面六臂，前左右手横执剑，中间左手执人头，右手执牝羊，后左右手执象皮，张于背后，以骷髅为璎珞。据云：大黑天为战神，礼祀此神，可增威德，举事能胜。此神由八思巴送入元朝宫廷，成为世祖以下历代崇奉之神，入明后，又辗转入满洲。多尔衮亦祀此神，在北京修多处玛哈噶拉庙。"

至元六年（1269 年）底或第二年初，八思巴携其弟子阿尼哥和胆巴等从西藏返回大都，为向忽必烈表达政治上的忠诚，支持夺取江南战争的胜利，将其神威向忽必烈作了介绍，并将一尊精美的玛哈噶拉神像奉献给忽必烈。并向他说这尊护法神的无比神威，供奉他，攻无不克，战无不胜。当时，忽必烈在营建大都的同时，正在为攻打南宋的战事寝食难安，日夜焦虑。八思巴的建言，正是政治急需，迅即将玛哈噶拉奉为军神、战争神和护国神——国家的保护神。

元代著名文学家、时有儒林四杰之称的柳贯，写过一篇《护国寺碑铭》，将元朝崇奉玛哈噶拉为护国神的原委，作了扼要说明："玛哈噶拉神，汉言大黑神也。初，太祖皇帝肇基龙朔，至于世祖皇帝绥华纠戎，卒成伐功，而隆事玛哈噶拉神，以为国护赖，故又号大护神，列诸六祠，祷辄响应，而西域圣师大弟子丹巴（《元史·释老传》作胆巴——引者）亦以其法来国中为上祈祠，因请立庙于都城之南涿州，祠既日严而神益以尊。方王师南下，有神降均州武当山曰：'今大黑神领兵西北来，吾当谨避之。'及渡江，人往往有见之者。武当山神，即世传玄武神，其知之矣。"

对这位军神、战神和护国神，忽必烈顶礼膜拜，五体投地，敬之惟恐不谨。在皇宫内设专祠供奉，并在多处宫殿供奉他的神像，祈求他护佑皇宫和国家安宁。同时又敕命在大都城南涿州和山西五台山建专祠供奉。后来，忽必烈敕命在上都和全国一些重要地方，都建立玛哈噶拉专祠。又命按玛哈噶拉三头六臂形像，建造大都城垣，使之护佑大都。青徽亭是皇宫内供奉玛哈噶拉专祠，常年香火供奉，遇有大的战事，都要祈求他的护佑。以保佑战争胜利和国家安宁。这在当时是国家政治生活中的一件大事，有关的藏汉文典籍记载非常多。

## 大量建造喇嘛寺塔

元世祖忽必烈听从帝师八思巴建议，在大都（同时也在上都和其他一些地方），大建喇嘛庙和喇嘛塔。其后，历朝皇帝也都仿效。

据《析津志》和有关文献不完全统计，大都有二三十座大型藏传佛教寺院，都是八思巴与其弟子阿尼哥以及再传弟子们主持修建的皇家寺院。这些寺院规模宏大，藏式特点鲜明，豪华壮丽，僧人众多，内设官署，有田地和佃户，而且都坐落在风景幽胜之区，对大都城市风貌有着重大影响。

例如，大护国仁王寺、大圣寿万安寺（白塔寺）、大天源延圣寿寺，大承华普庆寺，西镇国寺、大承天护圣寺、大天寿万宁寺、大崇恩福元寺（南镇国寺）、崇国寺、杨国公寺、弘教普安寺、兴教寺、宝集寺、大永福寺、宝塔寺等，这些坐落于皇宫四周的皇家大喇嘛庙，辉煌壮丽堪与帝王宫殿比美，气势、规模超过官署（元初规定，官署和王侯府邸占地不超过八亩，而喇嘛庙占地至少数十亩，大些的在百亩以上），其对大都城市风貌的影响可想而知。而且，其政治、社会势力都很大，对大都的社会生活也有着重大影响。例如，至元七年（1270年），即八思巴晋封帝师的当年，由昭睿顺圣皇后出资，八思巴与弟子胆巴奉忽必烈之命建造的大护国仁王寺（建成后，又成为管理吐蕃和全国佛教事务的宣政院官署），有殿堂175间，房屋2065间，大都郊区和外地水旱田共10万余亩，以及大量山林湖泊，佃农3万7千余户，常年佃耕服役者17900余人，其权势不仅在大都炽手可热，而且远及江淮流域。

八思巴及其弟子们建造的喇嘛塔，对大都城市风貌的影响也是很大的。例如，大圣寿万安寺白塔（即现西四大街白塔寺），它是至元八年（1271年）忽必烈敕命八思巴的弟子阿尼哥主持建造的。它和此前流行于汉族地区楼阁式佛塔有着显著区别，特点极为鲜明，亦称为覆钵塔，来源于古印度的"窣堵波"，宗教寓意是一尊凛然端坐的大佛。白塔建立在宽广高大面积810平方米的台基上，通高51米，通体白色，塔顶华盖之上的塔刹，是一座高4.2米、重4吨的鎏金铜塔，矗入蓝天白云形成一幅壮美的图画。它极大地丰富和美化了大都城的空间构图。

建立过街塔，也是八思巴与其弟子及再传弟子们为大都引进的有突出特点的藏式建筑。

过街塔是藏传佛教一种常见的佛塔样式。在街道或通衢大道上建巨大塔基，开洞如城门。基座上置喇嘛塔

（一、三、五、七数量不等），如城楼。塔基门洞壁上雕绘佛像或经文，过往行人通过门洞，如同顶礼膜拜佛菩萨，默诵一遍经文，得到佛的佑护。对于佛教徒来说，更是种简便易行的礼佛修炼方式。

据专家研究，萨迦寺初建成时，即建有这种过街塔（也建于庙门前，故也称门塔），是八思巴将其引进建于元大都的。元世祖忽必烈得知其宗教上的意义，决定在大都城依式建塔。《佛祖历代通载》卷三十五记其事："外邦贡佛舍利。帝（忽必烈）云：'不独朕一人得福，乃于南城彰义门高建门塔，曾令往来皆得顶戴。'"

其后，大都于南北通衢大道多建过街塔。例如，《元史·顺帝纪二》："至元五年（1339年）四月癸巳……立伯颜南口过街塔二碑。"（南口过街塔何时所建，已难考证）；《顺帝纪四》："至正十四年（1354年）夏四月……造过街塔于泸沟桥，命有司给物色人匠，以御史大夫也先不花督之。"

最著名的是居庸关过街塔。居庸关是大都通往塞北的咽喉，也是元朝皇帝每年巡幸上都必经要道。元朝末年，社会动荡，皇权不稳，崇奉佛教的顺帝，自然祈求佛菩萨佑护，于至正三年（1342年）命大丞相阿鲁图主持于居庸关门上建塔三座，形制如大圣寿万安寺白色喇嘛塔，旁建永明寺，内供三世佛。至正五年（1345年）

完工。塔基门洞内雕刻佛像、经文，并有汉、藏、梵、八思巴、维吾尔、西夏六种文字题写造塔功德记。据考证，主持设计和施工的，和大圣寿万安寺白塔一样，都是萨迦派僧人，驻京侍奉皇帝左右的帝师、国师等。

这些，对于元大都的面貌和性格，都发生了重大影响。

### 年年、月月作"好事"（佛事活动）

元朝皇宫里每年都要作大量的佛事活动，主要内容是由帝师为帝后传授佛戒，举行灌顶等宗教仪式，并率领僧众作法事，为帝后祝寿祈福，禳灾祛难等，总名之为"做好事"。

所谓"做好事"的名目繁多，难以尽述。现仅据《元史》和《元史纪事本末》的有关记载，将其主要名目缕述如下，并将元代人的汉语解释附后，以便阅读：

镇雷阿兰纳四——庆赞（汉文释义，下同）；亦思满蓝——药师坛；搠思串卜——护城；朵儿祥——大施食；朵儿只列朵四——美妙金刚回遮旋食也；察儿哥朵四——回遮；笼哥儿——风轮；嚓朵四——作施食；出朵儿——出水济六道；党剌朵四——回遮旋食；典朵儿——

常川施食；坐静——狮子吼道场；鲁朝——狮子吼道场；黑牙蛮答哥——黑狱帝主；搠思江朵儿麻——护法神施食；赤思古林搠——自受主戒；镇雷坐静——秘密坐静；吃剌察坐静——秘密坐静；斟葱——文殊菩萨；古林朵四——至尊大黑神回这施食；歇白咱剌——大喜乐；必思禅——元量寿；觇思哥儿——白伞盖咒；收札沙剌——五护陀罗尼经；阿昔答撒哈昔里——八千颂般若经；撒思纳屯——大理天神咒；阔儿鲁弗卜屯——大轮金刚咒；且八迷屯——无量寿经；亦思罗八——最胜王经；撒思纳屯——护神咒；南占屯——坏相金刚；卜鲁八——咒法。

这些佛事活动，在元代年年有，月月有，到元代后期则几乎是天天有。据史书记载，忽必烈在位期间和元成宗铁穆耳当政初年（大约是大都作为元朝京城的最初40年左右），大都皇城各种名目的佛事活动每年共有102种（次），到成宗大德七年（1303年），"再立功德司，遂增至500有余（名目）"。每种大的佛事活动一般要进行七天（称为一"会"）。

根据史书记载，其中大的如中统三年（1262年），作佛顶金轮会于圣安、昊天二寺七昼夜，赐银万五千两。至元二年（1265年），诏各路设三学讲、三禅会。七年（1270年），大修佛事于琼华岛。九年（1272年），集都城僧诵大藏经九会。十三年（1276年），技资戒大会于顺德府开元寺。十六年（1279年），敕诸国教师禅师百有八人，即圣寿万安寺，设斋圆戒赐衣。二十二年（1285年），集诸路僧四万于西京普恩寺，作资戒会七日夜。二十三年（1286年），命西僧递藏佛事于万寿山三十会。明年又作佛事于大殿寝殿及五台山三十三会。二十五年（1288年），命亦思麻等七百余人坐静于大护国仁王寺，凡五十四会。二十七年（1290年），命帝师坐静于厚载门及桓州双泉寺等所，七十二会。成宗初，以国忌饭僧七万。武宗至大元年（1308年），启水陆大会于昊天寺。英宗即位，大兴佛事于文德殿四十日，已修秘密法会于延春阁，镇雷法会于京城四门。至治三年（1323年），诏天下诸司集僧诵经十万部，又于京师万安、庆寿、圣安、普庆四寺，扬子江金山寺，五台山万圣佑国寺，建水陆大会。泰定元年（1324年），命西僧修佛事于寿安山寺，曰"星吉思乞剌"，曰"阔儿鲁串卜"，曰"水朵儿麻"，曰"讽间卜里喃家经"，三年乃罢。又修黑牙蛮答哥佛事于水晶殿，烧坛佛事于延华阁。文宗至顺元年（1330年），四月作佛事于仁智殿，岁终乃罢。顺帝至元二年（1336年），创大觉海寺，塑千佛于其内。至正元年（1341年），兴圣宫作佛事，赐钞两千锭。十四年（1354年），命加剌麻选僧百有八人修朵思哥儿好事，当以泥作画小浮屠，或十万至二三万，名曰"擦擦"。其大者实以七宝珠玉，或一所以至七所，名曰"答儿刚"。这些较大的佛事一般都由帝师带领僧众举行。如每年二月所举行的白伞盖佛事都由帝师亲自带领数百僧人作佛事于皇宫，"累朝相沿元虚岁"。

这些佛事活动，每次都要耗费大量的财物。例如，元世祖忽必烈于中统三年（1262年）于昊天寺做的佛顶金轮会就赐银一万五千两。其他也可想而知。据《元史纪事本末》记载："延祐四年（1317年），宣徽使会每岁内庭佛事所供，其费以斤数者'用面四十三万五千九百、油七万九千、酥（油）二万一千八百七十，蜜二万七千三百。'"这仅是皇宫每年所用的消耗，如果将全国的佛事活动耗用物资加在一起，其数目是触目惊心的。藏传佛教僧人还往往以"做好事"为名，奏请布施大量财物和其他政治利益，并直接干预国家政治，例如，每次作佛事都要奏请释放罪犯囚徒，"以为福利"，从中渔利受略贿，直接影响社会的安定。

综上所述，忽必烈皈依喇嘛教并拜八思巴为宗教师，不仅极大地影响了元代政治和宫廷生活，也极大地影响了元大都的城市建设和社会生活。

图 3  大元圣政国朝典章
（中国台北故宫博物院藏）

## 朝会与燕飨

朝会与燕飨是元朝的最重要的礼仪制度。元世祖忽必烈正式宣布建立"大元"朝，并营建大都皇宫，即将竣工时，命刘秉忠等人根据"稽诸古典，参以时宜，沿情定制"的原则制定朝会与燕飨制度。即参照前代各朝，特别是唐、宋、辽、金的礼仪制度，并结合蒙古旧俗和实际需要制定。《元史·礼乐志一》说："世祖至元八年（1271年）命刘秉忠、许衡始制朝仪。自是，皇帝即位、元正、天寿节，及诸王、外国来朝，册立皇后，群臣上尊号，进太皇太后、皇太后册宝，既郊庙礼成，群臣朝贺、皆如朝会之仪。"这些就是我们要介绍的朝会制度。

燕飨，就是宴会，这是根据蒙古旧俗制定的。蒙古以武力夺取天下，每有胜利都要举行盛大宴会庆祝，同时诸王议事也都要大摆酒宴。夺取天下之后，建立皇宫和各种制度，每于朝会之后，必举行大宴会，因而将其正式列入国家礼仪制度。两者不同的是，朝仪"规模严广"，意在使人"知九重大君之尊"，即展示皇帝威严。而燕飨，即"大飨宗亲，赐宴大臣"，则仪制稍为宽松，"犹用本俗之礼为多"，意在联络宗亲，译成现代汉语就是"感情投资"。

## 朝会

这是元朝最重要、最隆重的礼仪制度，旨在显示和强化帝王尊严。在大都宫殿未营建之前，没有严格的"朝会之礼"，既无定期，也没有严格的礼仪制度，只是蒙古族传统的汗王与诸王、群臣盟会性质。例如，铁木真于1206年在斡难河"大会诸王、群臣，建九斿白旗"，被推举为各部共主，尊称"成吉思汗"，建立蒙古汗国。赛马比武，宴乐狂欢，场面十分壮观，这也可以说是蒙元王朝的朝会之始，但这和后来国家重要制度的朝会相去甚远，具有浓重的、传统的游牧民族各部落会盟色彩。

大都宫殿初具规模，忽必烈开始考虑，参照历代王朝体制建立朝会制度。至元六年（1260年）春，命刘秉忠等"仿前代知礼仪者肆习朝仪"。蒙古官员孛罗，亡金女真旧官鸟古伦居贞、完颜复昭，汉族国子祭酒许衡等共同制定各种朝会制度。其基本原则是，参照唐宋旧制，和蒙古族传统习俗，结合当时实际情况和需要，核心是显示"九重大君之尊"。

至元八年（1271年）"遇八月帝（忽必烈）生日，号曰'天寿圣节'用朝仪自此始"。以后，凡皇帝即位、元正、天寿节及诸王、外国来朝，册立皇后，皇太子，群臣上尊号，进太皇太后，皇太后册宝，既郊庙礼成、

35

群臣朝贺等典礼，皆用朝会之仪。

这其中，最隆重、最热闹的是元正受朝仪、皇帝即位受朝仪、天寿圣节受朝仪，群臣上皇帝尊号受朝仪。事前二三天要演习礼仪，预备好仪仗队和乐队，届期皇帝和百官各按礼仪进大明殿，礼毕要举行盛大质逊宴，以元正受朝仪为例，略作介绍：

元正即元旦，在元旦入朝行庆贺礼，即元正受朝仪。元旦的前三天，在圣寿万安寺（或大兴教寺）演习礼仪。前两天，在殿庭摆好仪仗，到了元旦的那一天，拂晓，"侍仪使引导从护尉，各服其服，人至寝殿前，捧牙牌跪报外办。内侍入奏，出传制曰'可'，侍仪使俯伏，兴。皇帝出阁升辇，鸣鞭三。侍仪使并通事舍人，分左右，引擎执护尉，劈正斧中行，导至大明殿外"。又引导"皇后出阁升辇"，"引进使引导从导至殿东门外……"

"司晨报时鸡唱毕，尚引殿前班，皆公服，分左右人日精、月华门，就起属立，相向立"。然后，后妃、诸王、驸马、墨相以下等"以次贺献礼"。礼毕，"大会诸王宗亲、驸马、大臣，宴飨殿上，侍仪使引丞相等升殿侍宴"。

演习礼仪的圣寿万安寺正式名称是"大圣寿万安寺"，俗称白塔寺，即现西四大街白塔寺前身，为元代皇家大喇嘛庙。至元八年（1271年）在大都宫殿建造过程中，元世祖忽必烈敕令来华尼泊尔工艺家阿尼哥，在原来辽代塔院基础上建造喇嘛庙。十六年（1279年）白塔成，二十五年（1288年）寺成，赐名"大圣寿万安寺"。其规模宏大，占地约16万平方米。白塔连高大宽广的台基通高51米，是北京历史上第一座典型的覆钵式喇嘛塔。寺于元末毁于雷火，独存白塔，明代重建寺庙，改名"妙应寺"（现存寺庙为清代重修，规模小了很多）。忽必烈死后，御容遗像供奉于此庙。

大兴教寺也是元代都著名的皇家喇嘛庙。据《元史》，大德五年（1301年）二月，赐大兴教寺地百顷，延祐五年（1315年）十月，于寺建帝师八思巴殿。翌年三月，赐寺僧斋食钞二万锭。英宗至治二年（1322年）十月，建太祖神御殿（供奉遗像）。《日下旧闻考》引《元大都图册》云："兴教寺在顺承门内街西，佛会甲于京师。"可见，兴教寺在当时香火极为兴旺。可能元末毁于兵火，明代即不见记载。

在这两座寺庙建成之前，习礼是在宫殿里的院子里露天演练，更接近蒙古旧俗。时人王恽写有题为《口号》的七律一首，记述在端门前院子里演习礼仪的情形："隔夜端门分板位，平明簪笏列鸳行。紫云低覆千官人，润作金炉百和香。"

《元诗纪事》卷八编录此诗时，加注说明："《玉堂嘉话》：至元十五年戊寅正月甲寅乙酉朔，同李侍讲德新、应奉李谦，陪百官就位，望拜行在所，凡七拜。其侍仪司先一日于端门两阙间灰界方所，以板书百官号，随各司依品秩作等列，班定，以次人宫行礼。礼毕，由左掖门出，风埃大作，所谓'出门尘涨如黄雾，始觉身从天上归'。曾有口号云云。"

至正十五年（1278 年），作为演礼所的大圣寿万安寺尚未竣工，在端门前演礼，以洒石灰划线标示官阶序列，板上书官号。望皇帝所在方位七拜（汉族历代王朝现见皇帝礼一般是三跪九叩首）。即将离开时，大风起，黄沙弥漫，人如腾云驾雾。于此可见元朝立国之初，议行朝会礼，但制度未备时的情形。

万事俱备之后，朝会礼仪严格执行。每逢朝会，千官于黎明前在宫门内千步廊聚齐候旨朝觐。欧阳玄有一首诗写道："丽正门当千步街，九重深处五云开。鸡人三喝万官集，应制须迎学士来。"丽正门（在今天安门南）为外宫门，内为千步廊（诗中称为"千步街"。明初，萧洵奉旨平毁元宫，编《故宫遗录》，有记："南丽正门内曰'千步廊'，可七百步，建灵星门"。再向内走很长一段距离才能到达内宫门。"鸡人三喝"是指半夜三更，此时万官集于千步廊，等候拂晓进宫朝觐。进宫之后，就是那一套隆重而繁琐的公式化礼仪。

仪制是庄重严肃的。张昱《辇下曲》的一首诗写道："户外班齐大礼行，小臣鸣赞立朝廷。八风不动丹墀静，听得宫袍舞蹈声。"肃静得能听见跪拜甩袍袖声音，其场面可想而知了。

《马可波罗行记》第89章《年终大汗举行之庆节》，是记述元宫元正受朝仪的，大体上是符合当时制度的。比起元朝官方献来说，要通俗易懂得多，也较具体，所以转录如下：

> 其新年确始于阳历2月，届时大汗及其一切臣属复举行一种节庆，兹述其情形如下：
>
> 是日依俗大汗及其一切臣民皆衣白袍，至使男女老少衣皆白色，盖其似以白衣为吉服，所以元旦服之，俾此新年全年获福。（引者按：蒙古尚白，以白为吉祥，所以亦称正月为"白月"）是日，臣属大汗的一切州郡国土之人，大献金银、珍珠、宝石、布帛，俾其君主全年获有财富欢乐。臣民互相馈赠白色之物，互相抱吻，大事庆祝，俾使全年纳福。
>
> 应知是日国中数处入贡极富丽之白马十万余四。是日，诸象共有五千头，身披锦衣甚美，

背上各负美匣二，其中满盛白节宫廷所用之一切金银器皿、甲胄。并有无数骆驼身披锦衣，负载是日所需之物，皆列行于大汗前，是为世界最美之奇观。

尚有言者。节庆之日黎明，席案未列以前，一切国王藩主，一切公侯伯男骑尉，一切星者、哲人、医师、打捕鹰人，以及附近诸地之其他不少官吏，皆至大殿朝贺君主。其不能入殿者，位于殿外君主可见之处。其行列则皇子侄及皇族在前，后为诸国王、公爵，其后则为其他诸人，各按其等次而就位。

各人就位以后，其间之最贤者一人起立，大声呼曰："鞠躬拜。"呼毕，诸人跪拜，首触于地，祝赞其主，事之如神。如是跪拜四次，礼毕，至一坛前。坛上置一朱牌，上写大汗名，牌前置一美丽金炉，焚香，诸人大礼参拜毕，各归原位。

诸礼皆毕后，遂以前述贡献之物上呈大汗，其物颇美而价值甚贵。大汗遍视诸物毕，然后将一切席案排列，各人按序就位，进食如前所述。食毕，诸艺人来前作术以娱观众。诸事毕后，诸人各归其邸。

此处所记，与元代官方文献大体是一致的，唯其中所说大象五千，恐非实数。但元正朝会展示大象却是事实。例如，《析津志·岁纪》："丁酉年（顺帝至正十七年、1357 年）正月一日，内八府宰相领礼部中书省相国，以外国大象进上。"这种展示骏马、大象，虽然未正式列下朝会仪制，但却是常有的。

当然，这种朝会仪式是隆重的，但也是短暂的，重头戏是仪式之后的燕飨（大宴会）。根据仪制，各项礼仪结束，"礼毕，大会诸王宗亲、驸马、大臣，宴飨殿上。侍仪使引互相等睦殿侍宴。凡大宴，马不过一，羊虽多，必以兽人所献之鲜及脯鱐（干鱼），折其数之半，预宴之服，衣服间制，谓之质孙。四品以上，赐酒殿上，典引引五品以下，赐酒于日精，月华二门之下。宴毕，鸣鞭三，侍仪使导驾，引进使导后，还寝殿，如来仪。"（《元史·礼乐志一》）从制度的角度来说，只有到了宴会结束，皇帝回到寝殿，元正受朝仪才真正式结束。

### 燕飨

译成现代汉语即宴会。这是元朝的一项重要制度，"国有朝会庆典，宗王大臣来朝，岁时行幸，皆有燕飨之礼。"但这又不是一般的吃喝玩乐，而要按贵贱等级排次，并有严格纪律，"亲疏定位，贵贱殊列。其礼乐之盛，恩泽之普，法令之严"，都有所谓"意深远"的定制。从皇帝到诸王、大臣，穿戴规定冠服，"与燕之服，衣冠同制，谓之质孙，必上赐而后服焉"。

质孙，按现代汉语，相当于统一制作的礼服，"质孙，汉言一色服也，内庭大宴则服之。冬夏之服不同，然无定制。凡勋戚大臣近侍，赐则服之。下至于乐工卫士，皆有其服。精粗之制，上下之别，虽不同，总谓之质孙云。"（《元史·舆服志一》）皇帝的质孙服，冬有十一等，夏有十五等。百官质孙服，冬季九等，夏季十四等。质孙服一般用"纳石失"（波斯语音译汉写，系一种绣金锦缎）制成，在衣、帽、腰带上常常用许多珍珠、宝石装饰。不经皇帝颁赐，百官等不得服质孙衣。

这种盛大燕飨，规定必须穿着质孙衣，所以称为质孙宴，或诈马宴。每年在大都和上都分别举行。质孙宴连续三天，质孙衣每天一换，周伯琦在《诈马行》的序中说："国家之制，乘舆北幸上都，岁以六月吉日，命宿卫大臣及近侍，服所赐济逊（"质孙"音译异写），珠翠、金宝、衣冠、腰带，盛饰名马，清晨白城外各持彩仗列队驰入禁中。于是，上盛服御殿临觐，乃大张宴为乐。唯宗王、戚里、宿卫大臣，前列行酒，余各以所职叙坐，合钦。诸坊奏大乐、陈百戏。如是者凡三日而罢，其佩服日一易。大官用羊二千，嗷马三匹，它费称是，名之曰'济逊宴'。济逊，华言一色衣也。俗呼曰'诈马'。"大都的质孙宴，大体情形与此相同。

大都质孙宴通常是在大明殿和万岁山（今北海公园琼岛）举行。凡质孙宴，有严格的礼仪制度，凡服侍、仪礼、侍卫有数百人。例如，大殿内，仅酒人就有六十："酒人，凡六十人，主酒（国语曰'答剌赤'）；主湩（国语曰'邰剌赤'）二十人；主膳（国语曰'博剌赤'）二十人，"（《元史·舆服志三》），"赤"意为人。

"答剌"和"邰剌"是两种精制的马奶酒，前者味薄，尝作饮料；后者味重，作酒饮，可醉人，其色微呈黑色，亦名黑马奶酒，元宫中，有专人制造这种酒。虞集《句容郡王世绩碑》："（钦察）其种人以强勇见信，用掌刍牧之事，奉马湩以供玉食，马湩尚黑者，国人谓为哈剌，故别号其人'哈剌赤'（邰剌赤）"。《元史·土土哈传》记钦察人班都察尝侍世祖左右，"掌尚方马畜，岁时挏马乳以进，色清而味美，号黑马乳，因目其属曰'哈剌赤'。时人许有壬《马酒》诗，写出了汉人饮马奶酒的感受："味似融甘露，香凝酿醴泉。新醅湩重白，绝品挹清玄。骥子饥无乳，将军醉卧毡。挏官闻汉史，鲸吸有今年。"刘因《黑马奶酒》诗则写出

43

了饮黑马酒的感受："仙酪谁夸有太元，汉家挏马亦空传。香来乳面人如醉，力尽皮囊味始全。千尺银驰开晓宴，一杯璃露洒秋天。山中唤起陶弘景，轰饮高歌敕勒川。"

质孙宴仪礼多从蒙古旧俗，"元之有国，肇兴朔漠，朝会燕飨之礼，多从本俗"，后来虽然制定了朝会仪制，"而大飨宗亲、赐宴大臣，犹用本俗之礼为多。"（《元史·礼乐志一》）。其突出的特色有几点：

一是，除统一着装质逊衣、按职位排序外，饮酒等活动都有礼仪规范。

《辍耕录》卷二十一有《喝盏》条，专记质逊宴规制："天子凡宴飨，一人执酒殇立于右阶，一人执拍板立于左阶。执板者抑扬其声，赞曰'鄂密奇'。执觞者如其声和之曰'达卜实'，则执板者第一板。从而王侯卿相合坐者坐，合立者立。于是，众乐皆作。然后进酒，诣上前，上饮毕，授觞，众乐皆止，别奏曲以饮陪位之宫，谓之喝盏。盖沿袭亡金旧礼，至今不废。诸王大臣非有赐命不敢用焉。"

《马可波罗行记》第87章所记，与此相仿，可对照参考："大汗每次饮时，侍者献盏后，退三步，跪伏于地，诸臣及其他在场之人亦然。乐器齐奏，其数无算，饮毕乐止，会食者始起立。大汗每次饮时，执礼皆如是也。"

二是，开宴前宣读大扎撒。柯九思《宫词》咏其事："万国贡珍罗玉陛，九宾传赞捧珠帘。大明殿前廷初秩，勋贵先陈祖训严。"其自注说："凡大宴，世臣掌金匮之书者，必陈祖宗大扎撒以为训。"大扎撒"，系蒙语音译汉写，意为法令。当为蒙古汗国开创者成吉思汗（也可能包括其继任者）的遗训，具体内容已难考知。其意在训示诸王百官勿忘家法，牢记创业艰难。

三是，水陆毕陈，但以蒙古族传统美食烤羊为主。周伯琦《诈马行》云："大宴三日酺群惊，万羊脔炙万瓮醴，九州水陆千官供，曼延角觝呈巧雄。"是说诈马宴虽然水陆毕陈，应有尽有，但仍以蒙古族传统美食烤羊为主（"万年脔炙"）据前引其诗序，一次诈马宴仅大官就用羊二千只、噭马三匹，如果加上宿卫军、执事人员等，说"万羊脔炙"可能不是夸张。这是一般诸王大臣食用的，皇帝所食用的除羊肉之外，主要是八珍。

杨允孚《滦京杂咏》："内人调膳侍君王，玉仗平明出建章。宰辅乍临闻阃表，小臣传旨赐汤羊。"其注云"御前常膳有曰'大厨房'、'小厨房'。小厨房则内入八珍是也。"汤羊可能是指煮熟的羊肉。八珍则是八种珍贵食品，和《周礼》所记古代汉族食品中的八珍是两回事。元朝皇帝不仅在宫中食用，即使在外出和行军途中也要食用。因此，也有"行帐八珍"之称。

时人耶律铸《行帐八珍诗》序说："往在行都，客有请述行帐八珍之说，则此行厨八珍也：一曰'醍醐'，二曰'麆沆'，三曰'驼蹄羹'，四曰'驼鹿唇'，五曰'驼乳糜'，六曰'天鹅炙'，七曰'紫玉浆'，八曰'元（玄）玉浆'。"醍醐，即牛酥之精华，忽思慧《饮膳正要》卷二《醍醐》条："取上等酥油，约重千斤之上者，煎熬过滤净，用大瓷瓮贮之，冬月取瓮中心不冻者，谓之醍醐。"（所谓酥油，为牛乳中精华，即"牛乳中取浮凝，熬而为酥"。）又，《本草纲目·兽一》"醍醐"引寇宗奭曰："作酪时，上一凝重者为酥。酥上如油者为醍醐，熬之即出，不可多得，极甘美。""麆沆"为味薄普通马乳酒，"玄玉浆"为味浓精制马乳酒；"紫玉浆"为葡萄酒（西域进贡，宫中也专门制造。当时是珍贵饮品，有时也作为对有功之臣的赐品）；"驼蹄羹"和"驼乳糜"，即烹蒸野骆驼掌与驼峰；"驼鹿唇"，当为马鹿唇，肉厚而美；"天鹅炙"，则是最贵重的一道菜，据《析津志·物产》："天鹅，又名驾鹤，大者三五十斤，小者二十余斤，俗称金冠玉体乾皂靴是也。"大兴县官每年役使乡民于大都城南之南海子多种茨菰，诱天鹅千百为群来食，皇帝命大臣猎捕以为美食。

46

皇帝有时也将八珍赏赐妃嫔或诸王大臣。忽必烈也曾将以八珍为主菜的质逊宴，宴请被俘到大都的南宋帝后。此事，被汪元量写书流传了下来。

汪元量，别字水云。南宋末年以善琴供奉宫中。元兵灭宋，将谢太皇、幼主赵显及三宫嫔妃、宫人等虏至大都，安置在会同馆。汪元量随侍幼主，教诗书。十二年后，请南归，入道观"黄冠师"（道士所戴束发之冠，用金属或木类制成，其色尚黄，故称之为黄冠，并以此作为道士的别称，此处指做道士的音乐老师）。元世祖忽必烈准其请。汪元量归来，撰《水云集》和《湖山类稿》。书中不少是记元大都事。其中，有题为《侍宋三宫于燕会同馆纪宴十首》，纪忽必烈宴请宋主事。于皇帝在质孙宴（诈马宴）必备八珍（每宴一珍），无一遗漏。这首诗以《十筵诗》之名，在历史上广为流传，并已收录于《人海诗区》卷二，现据之转录如下，对了解质孙宴（诈马宴）和八珍，是很多史料：


其一

皇帝初开第一筵，天颜问劳意绵绵！

大元皇后同茶饭，宴罢归来月满天。

其二

第二筵开入九重，君王把酒劝三宫。

驼峰割罢行酥酪，又进椒盘剥嫩葱。

其三

第三筵开在蓬莱，悉相行杯不放杯。

割马烧羊熬解粥，三宫宴罢谢恩迥。

其四

第四筵开在广寒，葡萄酒酽色如丹。

并刀细割天鸡肉，宴罢归来月满鞍。

其五

第五筵是在大宫，辘轳引酒吸长虹。

金盘堆起黄羊肉，乐指三千响碧空。

其六

第六筵开在禁庭，蒸麋烧鹿荐杯行。

三宫满饮天颜喜，月下笙歌入旧城。

其七

第七筵排极整齐，三宫游处软舆提。

杏浆新沃烧熊肉，更进鹌鹑野稚鸡。

其八

第八筵开在北亭，三宫丰燕已恩荣。

诸行百戏都呈艺，乐局伶官叫点名。

其九

第九筵开尽帝妃，三宫端坐受金卮。

須臾殿上都酣醉，拍手高歌舞雁儿。

## 其十

第十筵是敞禁庭，两边丞相把壶瓶。

君王自劝三宫酒，更送天香近玉屏。

于此，可见质逊宴奢华之一斑。

四是，列优伶，陈百戏，歌舞助兴。杨允孚《滦京杂咏》诗："仪凤伶官乐既成，仙风吹送下蓬瀛。花冠簇簇停歌舞，独喜萧韶奏太平。"注云："仪凤司，天下乐工属焉，每宴，教坊美女必花冠锦绣，以备供奉。"其大意是说，质逊宴时，例有礼部仪凤司（主管乐工）乐人奏雅乐，又有教坊司（也为礼部所属，主管妓女和伶人）美女装扮得花团锦簇，歌舞助兴。张昱《辇下曲》也有一首是写在大都宫殿质逊宴歌舞助兴的，"西天法曲曼声长，璎珞垂衣称艳装，大宴殿中歌舞上，华严海里庆君王"。如果遇到天寿节（皇帝生日）的质逊宴更是热闹，甚至妓女们都要到大明殿表演歌舞。

《析津志·岁记》记元顺帝四月过生日情景："四月吾皇天寿旦，丹樨华盖朝仪灿，警跸三声严外辩。听呼赞，千官虔拜咸欢忭。礼毕相群擎玉盏，云和致语昌宫宴，十六天魔呈舞旋。大明殿，齐称万寿祈请晏。"所谓"云和"，即礼部仪凤司下属主管乐工的云和署，因为庆典开始，要奏庄重的"雅乐"，诸王大臣拜寿。之后，才是十六天魔舞。元顺帝荒于游宴，因喇嘛僧之言，征集民间良女和妓女，以十六人为一队，扮天魔而舞，是名十六天魔舞（详后）。由此可见，燕飨之礼到元末，最初立制时联络宗亲，宴赏功臣的意义消失殆尽，变成了纯粹的吃喝玩乐。

第五，质逊宴还有一个与普通宴会不同的突出的特点是，展示各地和外国进贡的珍品，以展示国家的强大、万国来朝和富有四海。柯九思《宫词》特别记述了这一点："万国贡珍罗玉阶，九宾传赞捧珠帘。"这是说，宴会开始前，将各国进贡奇珍异宝罗列大殿前供观看；"万里明王尽入朝，法宫置酒奏萧韶。"并在注中说："凡诸侯王及外番来朝，必赐宴以见之。"他还有一首诗是记述外国进贡："高鼻黄髯款塞胡，殿前引贡尽龙驹。仗移天步临轩看，画出韩生试马图。"这是写的元顺帝时，外国进贡名马的典故。周伯琦《元马行应制作》的序，记述得比较详细："至正二年（1342 年），岁壬午七月十有八日，西域佛郎国遣使贡马一匹，高八尺三寸，修如其数而加半，色漆黑后二蹄白，曲项昂首，神俊超越，视他西域马可称者皆在髃下，金辔重勒，驭者其国人，黄鬃碧眼，服二色窄衣，言语不可通，以意谕之，凡七渡海洋，始达中国。是日天朗气清，相臣奏进，上御慈仁殿临观，称叹，遂命育于天闲，饲以肉粟酒湩"，"盖自有国以来未尝见也，殆古所谓天马者耶"。皇帝除亲临观看外，并命诸王大臣观看，同时命人绘图赋诗纪念，大张宴席款待，展示万国来贡之意。

最后，质逊宴最奇特的一点，也是历代宫廷宴筵所没有的，是观堂野兽，特别狮子等大猛兽。在大都，这个奇特的节目，一般是在万岁山（今北海琼岛）举行质逊宴时演示。万岁山当时属宫内，是皇帝经常宴筵文武百官的地方，当时琼华岛之东（大体相当于今北海东门一带），圈养很多各地进贡的野兽（类似于现在的动物园）。宴会时将各种野兽置于宴席前供观赏。《辍耕录》卷十四记得饶有趣味："国朝每宴诸王大臣，谓之'大聚会'。是日，尽出诸兽于万岁山，若虎、豹、熊、象之属，一一列置讫。然后狮子至，身才（材）短小，绝类人家所畜金毛揉狗，诸兽见之，畏惧俯伏不敢仰视，气之相压也如此。及各饲以鸡鸭野味之类，诸兽不免以爪按定，用舌去其毛羽。唯狮子则以掌擎而吹之，毛羽纷纷脱落，有若燖洗者，此其所以异于诸兽也"。既云'一一列置'，当系由人（驯兽员）为其安排位置，可能是一些驯服了的野兽。张昱《辇下曲》中有一首记述其事：

万朝犹是未明天，玉戚轮竿已俨然。

百兽蹲威绘幡下，万臣效职内门前。

东楼绯服唱鸡人，击到朱鞶第几声。

楠寐奉常先告备，驾行三叩紫鞘鸣。


## 出巡上都

这是元朝的一项重要制度。大都建成以后，正式形成两都制，皇帝每年都要北巡上都，逐渐建立了一套具有民族特色的巡幸制度。按照元朝自己的说法，这是保持传统，居安思危，并将其写人汇编国家典章制度的《礼典总序》："行幸：皇朝建国之初，四征不庭，靡暇安处。世祖皇帝定两都以受朝贡，备万乘以息勤劳，次舍有恒处，车庐有恒治，春秋有恒时，游畋有度，燕享有节，有司以时供具，而法寓焉。此安不忘危，贻子孙万世之法也。故列圣至于今率循而行之。"这段话，向社会申明（回应社会谴责），巡行上都不是为了游山玩水，不会怠荒政事，一切都有法度，不会扰害人民，目的是继承传统，率军习武，是"安不忘危"，传之"子孙万世"的安邦治国之大法。

皇帝每年出巡和返回大都，队伍浩浩荡荡，对大都的城市生活有着很大影响。因此，为所有的大都人所关注，是大都街谈巷议的常年话题，有关的诗文也很多。

例如，时人孔齐说："国朝每岁四月驾幸上都避暑为故事，至重九还大都。"叶子奇也说："元世祖定大兴府为大都，开平府为上都，每年四月，迤北草青，则驾幸上都以避暑，颁赐于其宗，戎马亦就水草。八月草将枯，则驾回大都。自后，官里岁以为常，车驾虽每岁往来于两都间，他无巡狩之事。"

他们所说的四月出巡，八九月返回，是常规。有时巡幸上都早在三月，或迟至五月，返回时间有的则早至七月。这主要是，或因为皇帝身体有病，或是因为有事情要处理，或皇帝有什么特殊兴趣或想法，"九月车驾还都，初元定制。或在重九节前，或在节后，或在八月。"

每年出巡上都，后妃、太子和诸王都要随行。各衙署除留必要的值守人员外，"则宰执大臣，下至百司庶府，各以其职分官扈从"，"文武百官，扈从唯谨"。

留京人员，一般为副职。例如，皇太子兼中书令的中书省，总理全国政务，内设左右丞相、平章政事、左右丞，参政知事等职。留守大都的一般是平章政事、右丞（或左丞）等数人，其余官员一律随皇帝出巡；再如，负责国家军政的枢密院，除皇太子兼任枢密院使外，设副使、佥书枢密事等职，后来增置了同知枢密院事、知枢密院事、同佥书枢密院事等职。知枢密院事是枢密院的实际最高长官。知院原设一员，后来增至7至10余员。成宗朝以后，由皇帝指定一名知院为诸院之长，总管枢密院事务。知院和同知按规定必须由蒙古人或少数色目人充任，副使以下才参用汉人。每年皇帝出巡上都，留守大都的一般是副使或佥院，而且规定"汉人不得与"。因为留守的枢密院副使有权调动军队，所以不将军队付予汉人。当然，特殊情况也有例外，这就是汉人充任枢密院副使的时候。（例如，至正十九年，1282年），忽必烈出巡上都时，汉人张易以枢密院副使留守大都，曾调动军队助高和尚、王著等杀了奸臣阿合马。此外，照惯例留一名宗王在大都，代行皇权，管理各留守衙署。

皇帝离开大都的具体时间，照例要由太史院预先择定黄道吉日。（《析津志·岁记》）说，"太史院清吉日，大驾幸滦京（上都），遵城宪也（吉日预前期定——原注）"。

吉日择定后，就开始忙碌各种准备工作，主要是出巡仪仗，例如，皂纛，各种旗、幢（伞盖之类）、仪仗兵器、象辇、辂车等。

在各种旗、幢等类仪仗中，以皂纛最为重要。其蒙古语名字叫"如秃"，即黑色旗，"建缨于素漆杆。凡行幸，则先驱建纛，夹以马鼓。居则置纛于月华门西之隅室"。这是说，出巡时，黑旗于巡幸队伍最前。

象辇，供皇帝乘坐的、由大象拉的车辇。"元初，既定占城、交趾、真腊，岁贡象，育于析津坊海子之阳"。（今北京积水潭之北）。大象备华丽的鞍鞯，上置"五彩装明金木莲花座"，还有豪华装饰，"行幸，则蕃官骑引，以导大驾，以驾巨辇"。通俗来说，"象辇"是在四只大象背上连结木架上置车形轿，内外装饰豪华，所以也被称作"幄殿"。还有"象轿"，是用木架连结两只大象背，上置车形轿。另有"象轿"和"象舆"，是在一只象背上安装轿和舆（元顶轿，置脚踏）。这些是在狭窄道路行走或通过隘口时乘坐的。

驼鼓，即仪仗队前导驼峰上所架之鼓。其装饰豪华，"前峰树皂纛，或施彩旗，后峰树小旗"，络脑、当胸、后鞦等都以彩色缨络装饰，以悬挂各种玉件、铜铃、小镜等，并架一小鼓。"一人乘之，系以毛绳"，作为击鼓手。"凡行幸，先鸣鼓于驼，以威振远迩，亦以试桥梁优水，而次象焉。"

又有骡鼓，"制似驼而小"。还有马鼓，马匹披挂华丽，"上负四足小架，上施以革鼓一面，一人前引。凡行幸，负鼓于马以先驰，与纛并行。"（以上，参见《元史·舆服志二》）。

还有其他一些必要的先期安排。其中最重要的是

55

安排好"火失车"，将先朝妃嫔于皇帝出巡前送往上都。杨允孚《滦京杂咏》诗："先帝妃嫔火失房，前朝承旨达滦阳。车如流水毛牛捷，鞍缕黄金白马良。"他在注中写道："毛牛，其毛垂地。火失毡房，乃累朝后妃之宫车也。"《析津志·岁记》对此也有说明："火室（失）房子，即累朝皇后传下宫分者，先起本位，下官从行。国言'火室'者，谓如世祖皇帝以次俱承袭皇后职位，奉宫祭管一斡耳朵怯薛女孩儿，关请岁给不阙。"这些先朝妃嫔乘坐毛牛快车和马车先期出发：

至择定的黄道吉日清晨，先将贮存于月华门内的各种仪仗请出，清跸道路，皇帝随后出宫。"月华门里西角屋，六蠹幽藏神所居。大驾起行先戒路，鼓钲次第出储胥。"张昱《辇下曲》的这首诗，记述了这天清晨皇宫里的一系列活动。

皇帝出宫坐上象辇，满载各种珠宝和服饰等用品的大象和骆驼载物队，以及嫔妃乘坐的骆驼宫车，次第而行。柯九思的一首宫词，记述了这个场面："黄金幄殿载前驱，象背驼峰尽宝珠。三十六宫齐上马，太平清暑幸滦都。"妃嫔们随驾出巡一般是乘坐骆驼宫车的，但也有蒙古族的年轻妃嫔是骑马的——因为在宫廷内她们也是被允许骑马的。诗中"三十六宫齐上马"是泛指宫妃出宫。

随从皇帝出巡的，或是留京而恭送皇帝出巡的百官，早已齐集大都北（左）门的健德门，例行的拜见礼之后，留京的官员目送皇帝离开后即回城，扈从的则随从皇帝乘象辇出巡。杨允孚《滦京杂詠》："北顾宫庭暑气清，神尧圣禹继升平。今朝建德门前马，千里滦京第一程。"健德门为大都北（西）门，在今德胜门小关。

随后，以皂纛驼鼓为先导的庞大仪仗队先行：领头的是金鼓队，252人。依次：清游队224人，伩飞队34人，殳仗前队104人，诸卫马前队160人，二十八宿前队232人，左右领军黄麾仗前队304人，殳仗后队102人，左右牙门旗队11人，左右青龙白虎队120人，二十八宿后队115人，诸卫马后队160人，左右领军黄麾后队168人，左右卫仪刀班剑队88人，供奉宿卫步士队106人，亲卫步甲队256人，翊卫护尉队104人，左右卫甲骑队142人，左卫青甲队57人，前卫赤甲队69人，中卫黄甲队81人，右卫白甲队95人，牙门四14人。这总计3081人的仪仗队，手执各种彩旗、兵器，有的还要化装（例如二十八宿前后队共347人要化装成二十八宿形像），击鼓震天、彩旗蔽空，骏马列队，刀枪如林，颇为壮观。当然，还有近万人的宿卫军护卫，极力显示皇家威严。（以上参见《元史·舆服志二》）

这浩浩荡荡的队伍，不可能快速前进，只能缓缓而行，走二三十里，到大口停下来，送驾千官至此回城。《析津志·属县》记，昌平县大口，"大驾时巡，千官导送至此，其迎驾如之"。元人张翥《送驾至大口作》："万乘巡行远，三灵佑护多。旌旄随大纛，鼓铎杂鸣驼。初日浮黄繖，微风送玉珂，臣心如草色，不断到滦河。"查《光绪顺天府志·地理志十·村镇二》，"旧有大口村，即大口故城"，并在注中说："昌平旧志：大口故城在州东南五十里。采访册：大口村，今无"。据此，清末大口村已不存在，按其所指方位，应在今天清河镇，元人周伯琦有《大口》诗注明，"其地有三大垤，土人谓之三疙瘩，距都北门二十里。"所记与前所推断方位符合。诗中写道："三垤何崇崇，遥直都门北。天肃烟岚清，野廻露草白。紫气千里临，蜿旌拂秋色。文武迤迆倪抃舞拜路侧。万羊肉如陵，万瓮酒如泽。国家富四海，于以著功德。"（下略）说明事先在这里已准备了如山羊肉如海酒。文武百官在路旁跪接皇帝后，要在这里举行酒宴。

之后，直奔居庸关，在关南的龙虎台行宫休息，乘夜渡关。《析津志·属县》记："每岁圣驾行幸上都，并由此途。率以夜渡关（居庸关），跸止行人，到笼烛火驰道而趋。南龙虎台，北棒槌店，皆有次舍，谓之'纳钵'。关置卫领之，以司出人'"。杨允孚《滦京杂詠》：

"纳宝盘营象辇来，画帘毡暖九重开。大臣奏罢行程记，万岁声传龙虎台。"注中说明："龙虎台，纳钵地也。凡车驾行幸，宿顿之所谓之纳宝，又名纳钵。"（这是继承辽金习俗。辽金春秋行猎驻营之地称为"纳钵"）。《光绪顺天府志·地理志十·村镇二》龙虎台注："元时驻跸龙虎台，至元十九年后，史不绝书。诚意伯文集：龙虎台去京师百里，在居庸关之南，背山面水，车驾岁幸上都，往还驻跸之地。"

在龙虎台，负责巡幸事务的官员，要向皇帝奏报出巡的日程和活动安排，经皇帝允准，并例行宴会后，连夜出关，离开大都。

之后，巡行队伍越来越庞大。因为到上都后，举行诈马宴，照例要观赏野兽，并由乐工奏乐和伶人表演节目。杨允孚《滦京杂詠》说："锦衣行处狻猊习，诈马筵前虎豹食。"并云："诈马筵开，盛陈奇兽"；又说，"仪凤伶官乐既成，仙风吹送下蓬瀛。"注云："每宴，教坊美女必花冠锦锈，以备供奉。"这些训兽师（包括一些奇兽）和乐工、伶人当然要随行。另外，还有大量喇嘛僧作法事，主要的有两项，一是止雨，二是游皇城。《滦京杂詠》："雍容环佩肃千宫，空设番僧止雨坛。"注云："燕享大会则设止雨坛于殿前。"又，"百戏游城又及时，西方佛子阅宏规。"注云："每年六月望日，帝师以百戏入内，从西华入，然后登城设宴，谓之游皇城是也。"这些喇嘛僧和其他一些宗教人员，当然也要追随巡幸队伍。另外，出关以后，会有不少蒙古部落自动追随。《滦京杂詠》："翎赤王侯部落多，香风簇簇锦盘陀。燕姬翠袖颜如玉，自按辕条驾骆驼。"这就是描述许多蒙古部落骑马或驾车，尾随巡幸队伍看热闹的。

这庞大的巡幸队伍，供给是个很大的问题。在大口和龙虎台宴会所用的酒肉等是由大都准备好了的，但出居庸关以后，距上都还有一千余里，地广人稀，人吃马喂就成了大问题。帝后和官员食用由官府预备携带，大量随行人员的食用，就需要自备或沿途购买了。所以，要有一大批商人赶着成千上万的羊群，漫山遍野，尾随巡幸队伍之后。时人胡助，在《京华杂兴诗二十首》里有一首诗，专门记述了这奇特的景观：

京华慰民望，时署将北巡。
牛羊及骡马，日过千百群。
庐巖周宿卫，万骑若屯云。
毡房贮窈窕，玉食罗膻荤。
珍缨饰驼象，铃韵遥相闻。

之后，到了八九月间，这一幕幕的万人大活剧再

60

次重演——皇帝巡幸上都归来，仍由居庸关返回大都。（偶尔车驾也从古北口返京属特殊情况）。进入八月，留守大都的宣徽院"起解西瓜等果时蔬北上，迎接大驾还宫"，"宫中怯薛官与留守宫，此一月，日陈铺设金锈茵褥"，即整理宫殿内各种陈设，清理宫院。这时，在上都的帝后、百官亦己准备南归，"至是时，上位、宫中诸太宰，皆簪紫菊、金莲于帽"，表示"又一年矣"，"而其下百辟、执事、驾前乐工、妓女、思归尤为浩切矣"，早已悄悄做好准备。照例由太史院选择吉日动身，"大驾于八月内或九月初，自李陵台一纳钵之后，次第而至居庸关南佛殿，"照例驻跸龙虎台。"至龙虎台，高眺都城宫苑若在眉睫。上位（皇帝）、三宫储君至此，千宫、百辟、万姓多人仰瞻天表，无不欢忭之至"。以上是《析津志·岁记》所记皇帝出巡上都返回京师的大体情况，百官在此迎驾，照例举行宴会（有时重要官员到居庸关外迎驾）。

迺贤《龙虎台》诗（节略）："翠华有时幸，北狩甘泉宫。千官候鸣跸，万骑如飞龙。帐殿驻山麓，羽葆罗云中。"袁桷同题诗（节略）："先皇雄略深，省方岁巡狩。翠华悬中天，问俗首耕耨。沉沉貔貅垒，濯濯鹰犬薮。前行节驼鼓，执御各在手。侍臣仰天威，长跪四方奏。"这两句诗，大体描述了百官于龙虎台迎驾的热闹场面。

之后，回至大口，留守大都的官员、僧道人等于此迎驾，"独守卫军指挥、留守怯薛、百辟于此拜驾，若翰苑泊僧道乡老，各从本教礼祝献，恭迎大驾入城。"照例宴会，驻跸，清晨备驾入城。

这时，大都城内要求百姓闭门不出，留守官员则跑前跑后，做好各项迎驾准备。"千门万户严扃钥，留守司官莫自闻。仰候秋风驼被等，郊迎大驾向南还。"张昱《辇下曲》里的这首诗，写出了大都城迎驾的紧张情形。

清晨，从大口起驾后，"上位、储君、正宫俱入厚载门"（宫门，位置在今景山公园少年宫前），"二（皇）后、三（皇）后銮舆，一如上仪，于风池坊南，从西入西宫"，其它嫔妃次第而入。留守宫人隆重迎接，籞人（古代宫禁称"籞"，此处指宫人）俱以金龙红纱长柄朱漆龙杖，挑担大红灯笼罩烛迎人矣。"是日，都城添大小衙门、官人、娘子，以至于随从、诸色人等，数十万众（可能系数万众之误——引者）。牛、马、驴、骡、驼、象等畜，又可谓天朝之盛。"从《析津志·岁记》这简要的记述，可以想象当时的热闹景象。这一天，各衙门的大小官员、衙役，以及官妓等都要出来迎接，加上接驾各色人员、车辆、牲畜，充塞大都城的大街小巷，热闹景象可想而知。驼车、仪仗由日精门次序入宫。"驼装序入日精门，铜鼓牙旗作队喧。一昕巡阶铃钹振，满宫俱喜出迎恩。"张昱《辇下曲》里的这首诗，写出了出巡上都谢幕的场景。


## 游皇城

从世祖忽必烈开始，元大都每年的二月十五日都要举行（上都则在皇帝巡行时的六月举行）声势浩大的游皇城活动。这既是一次大规模的佛事活动，也是皇家组织的大规模游乐活动。首先倡导其事的是帝师八思巴。至元七年（1270 年）八思巴向忽必烈建言，在皇宫里大明殿（皇帝处理政务的正殿）的宝座上置一白伞盖，上书大藏经经咒，并由喇嘛作佛事，可以镇邪安国。之后，形成制度。每年二月十四日，帝师率五百喇嘛僧人于大明殿内做法事，第二天，置伞盖于宝座。然后，组织两三千人的浩浩荡荡游街队伍，抬伞盖游皇城。届时，鼓乐喧天，杂技纷呈，佛像经幡，遮天蔽日，浩浩荡荡的队伍首尾三十余里。《元史·祭祀志六》对其记述极为具体生动：

世祖至元七年，以帝师八思巴之言，于大明殿御座上置白伞盖一，顶用素缎，泥金书梵字于其上，谓镇伏邪魔护安国刹。自后每岁二月十五日，于大〔明〕殿启建白伞盖佛事，用诸色仪仗社直，迎引伞盖，周游皇城内外，云与众生拔除不祥，导迎福祉。岁正月十五日，宣政院同中书省奏，请先期中书奉旨移文枢密院，八卫拔伞鼓手一百二十人，殿后军甲马五百人，抬舁监坛汉关羽神轿军及杂用五百人。宣政院所辖官寺三百六十所，掌供应佛像、坛面、幢幡、宝盖、车鼓、头旗三百六十坛，每坛擎执抬舁二十六人，钹鼓僧一十二人。大都路掌供各色金门大社一百二十队，教坊司云和署掌大乐鼓、板杖鼓、筚篥、龙笛、琵琶、筝、蓁七色，凡四百人。兴和署掌妓女杂扮队戏一百五十人，祥和署掌杂把戏男女一百五十人，仪凤司掌汉人、回回、河西三色细乐，每色各三队，凡三百二十四人。凡执役者，皆官给铠甲袍服器仗，俱以鲜丽整齐为尚，珠玉金绣，装束奇巧，首尾排列三十余里。都城士女，闾阎聚观。礼部官点视诸色队仗，刑部官巡绰喧闹，枢密院官分守城门，而中书省官一员总督视之。先二日，于西镇国寺迎太子游四门，异高塑像，具仪仗入城。十四日，帝师率梵僧五百人，于大明殿内建佛事。至十五日，恭请伞盖于御庄，奉置宝舆，诸仪卫队仗列于殿前，诸色社直暨诸坛面列于崇天门外，迎引出宫。至庆寿寺，具素食，食罢起行，从西宫门外垣海子南岸，入厚载红门，由东华门过延春门而西。帝及后妃公主，于玉德殿门外，搭金脊吾殿彩楼而观览焉。及诸队仗社直送金伞还宫，复恭置御榻上。帝师僧众作佛事，至十六日罢散。岁以为常，谓之游皇城。或有因事而辍，寻复举行。夏六月中，上京亦如之。

迎引白伞盖和走在游乐队伍前面的是"说法队"。所谓"说法队"。就是喇嘛乐舞队（部分吸收了汉族道教宗教仪式和音乐）。其前导是带有藏经经咒的白伞盖，队中人员要扮佛装，扮成如来佛祖和普贤、文殊菩萨等，音乐要奏喇嘛乐《金字西番经》。《元史·礼乐志五》记其事甚详：

> 说法队：引队礼官乐工大乐冠服，并同乐音王队。次二队，妇女十人，冠僧伽帽，服紫禅衣，皂绦；次妇女一人，服锦袈裟，余如前，持

数珠，进至御前，北向立定，乐止，念致语毕，乐作，奏《长春柳》之曲。次三队，男子三人，冠、服、舞蹈，并同乐者王队。次四队，男子一人，冠隐士冠，服白纱道袍，皂绦，执塵拂；从者二人，冠黄包巾，服锦绣衣，执令字旗。次五队，男子五人，冠金冠，披金甲，锦袍，执戟，同前队而进，北向立。次六队，男子五人，为金翅雕之像，舞蹈而进，乐止。次七队，乐工十有六人，冠五福冠，服绵绣衣，龙笛六，觱篥六，杖鼓四，与前大乐合奏《金字西番经》之曲。次八队，妇女二十人，冠珠子菩萨冠，服销金黄衣，璎珞，佩绶，执金浮屠白伞盖，舞唱前曲，与乐声相和，进至御前，分为五重，重四人，曲终，再起，与后队相和。次九队，妇女二十人，冠金翠菩萨冠，服销金红衣，执宝盖，舞唱与前队相和。次十队，妇女八人，冠青螺髻冠，服白销金衣，执金莲花。次男子八人，披金甲，为八金刚像。次一人，为文殊像，执如意；一人为普贤像，执西番莲花；一人为如来像；齐舞唱前曲一阕，乐止。次妇女三人，歌《新水令》《沽美酒》《太平令》之曲终，念口号毕，舞唱相和，以次而出。

这神奇古怪、热闹非凡的说法队的"总导演"和核心是帝师，张昱《辇下曲》有诗写道："华缨孔帽诸番队，前导伶官戏竹高。白伞葳蕤避驰道，帝师辇下进葡萄。"（指葡萄酒）；还有一首："炉香夹道涌祥风，梵辇游城女乐从。望拜彩楼呼万岁，柘黄袍在半天中。"

袁桷《皇城曲》，写得生动有趣，是从一个汉族文人的视角来看的：

> 堂堂瞿昙生王宫，幼年夙悟它心通。
> 梵书未觌口已诵，底用城阙穷西东。
> 净居老人幻竞异，故作恐怖生愁容。
> 世间习妄了莫喻，要以神化开盲聋。
> 岁时相仍作游事，皇城集队喧憧憧。
> 吹螺、击鼓杂部伎，千优百戏群追从。
> 宝车琼奇耀晴日，舞马装缀摇玲珑。
> 红衣飘裙火山笋，白伞撑空云叶丛。
> 王官跪酒头叩地，朱轮独坐颜酡烘。
> 蚩氓聚观汗挥雨，士女簇坐唇摇风。
> 人生有身要有患，百岁会尽颜谁童？
> 西方之国道里通，至今生老病死与世同。

虽然制度规定游皇城正式日期是二月十五日，但实际上二月初八日就已经开始，伶人化装表演的游乐队伍要遍游全城，实际上是一次大型的群众性游乐活动，倾城游观。《析津志·岁记》记当时情景："二月天都初八日，京西镇国迎牌出，鼓乐铿鏘觱篥。金身佛，善男信女期元吉。白伞帝师尊帝释，皇城望日游宫室。圣主后妃宸览毕。劳宣力，金银缎匹君恩赐。"

同时，这也是一次群众性娱乐活动和物资交流，犹如明清以后的庙会。在二月八日以前，平则门（今阜城门）外三里左右的西镇国寺（游皇城法事活动的主要地点），已是游人如织，商贾云集，珍奇毕显，百戏争艳，是全城的盛大节日。《析津志·岁记》记其盛况：

> 八日，平则门外三里许、即西镇国寺，寺之两廊买卖富甚太平，皆南北川广精粗之货，最为饶盛。于内商贾开张如锦，咸于是日。南北二城，行院、社直、杂戏毕集，恭迎帝坐金牌与寺之大佛游于城外，极甚华丽。多是江南富商，海内珍奇无不凑集，此亦年例故事。开酒食肆与江南无异，是亦游皇城之亚者也。过此，则有诏游皇城，世祖之故典也。其例于庆寿寺都会，先是得旨，后中书劄下礼部，行移各属所司，默整教坊诸等乐人、社直，鼓板、大乐、北乐、清乐，

仪凤司常川提点，各宰辅自办婶子车，凡宝玩珍奇，希罕蕃国之物，与夫百禽异兽诸杂办，献赏贡奇互相夸耀，于以见京师极天下之壮丽，于以见圣上兆开太平与民同乐之意；下户部关拨钱粮，应付诸该衙门分办社直等用？各投下分办簇马质孙筵会，俱是小小舍人盛饰以显豪奢。凡两京权势之家，所蓄宝玩尽以角富。盖一以奉诏，二以国殷，故内帑所费，动以二三万计。

　　这对于常年闭锁深宫的宫妃们，提供了一次观察宫外世俗世界、暂时放松身心的娱乐机会。柯九思《宫词》写道："凤城女乐拥祥烟，梵座春游浃管弦。齐望彩楼呼万岁，祥云只在五云边。"注中说明："二月十五日迎帝师游皇城，宫中结彩楼临观之。"对于广大普通老百姓，则是追逐游观，乐此不疲。当时一位名为张宪的诗人，写了一首题为《二月八日游皇城西华门外观嘉擎弟走马歌》的诗，记其热闹景况和观感：

　　　　春风压城紫燕飞，绣鞍宝勒生光辉。
　　　　软沙青草平似镜，花雨满巾风满衣。
　　　　潜蛟双绾玉抱肚，朱鬣分光散红雾。
　　　　金龙五爪蟠彩袍，满背真珠撒秋露。

生猿俊健双臂长，左脚蹋镫右蹴缰。

铜饶四扇逸十指，玉声珠碎金琅珰。

黄蛇下饮电掣地，锦鹰打兔起复坠。

袖回突兀鞍面空，银饕驼囊两边绝。

西宫綵楼高插天，凤凰缭绕排神仙。

玉皇拍阑误一笑，不觉四蹄如迸烟。

神驹长鸣背凝血，郎君转面醉眼缬。

天恩翦下五色云，打鼓归来汗如雪。

　　现在，我们从历史发展的角度来看，除去其宗教上的意义不谈，这对于促进各民族经济、文化交流也是一件好事。


## 狩猎与演武

　　元朝是依靠强大勇武的蒙古铁骑夺取天下的。忽必烈统一全国，建立"大元"朝之后，在大力推行"汉法"，广泛吸收汉族，以及藏族和契丹、女真文化的同时，又推行"祖述变通，还在今日"、"稽列圣之洪规，讲前代之定制"的政治战略，即防止全盘汉化、湮没于汉文化的汪洋大海，而最终丧失自我，所以采取一系列沿袭或保留蒙古旧制的作法，例如，斡耳朵制度、怯薛制度、投下制度等等，以此作为保持传统、巩固国基的政治保证，这反映在宫廷生活里，就是汉蒙文化参用，例如宫廷礼制、宿卫制度、宴会制度等各个方面，都是采用这个基本原则。其中，保留传统的狩猎和演武习俗，并将其上升为制度，就是保持祖宗传统"定制"的一项重要内容。

## 行围打猎

狩猎是元朝的一项重大制度，被称为国家大事。王恽说"国家大事，曰蒐伐，曰蒐狩，曰宴飨，三者而已"。所谓"蒐伐"，即军事征讨，作为国家大事不难理解。宴飨，旨在宣示皇威，凝聚内部，已如前述，其作为国家大事，也比较好理解。但是"蒐狩"，即围猎作为国家大事，好像不容易被人理解。其实，这是元朝的一项基本国策。元朝以弓矢夺天下，视军队为命根子，夺取天下之后，为防止生活安逸丧失战斗力，所以参照历代王朝春狩秋蒐的惯例，用本民族传统的围猎方式，训练军队，警示诸王大臣勿忘民族传统，永葆勇武精神。同时，借以宣示国威，威慑诸侯附国。为此，建立了一套严格制度，"而立制加详。地有禁、取有时，违者罪之。冬春之交，天子或亲幸近郊，纵鹰隼博击，以为游豫之度，曰'飞放'"。

所谓"地有禁"，"违者罪之"是说，划一定地域为皇家猎场，严禁老百姓打猎，违者要加罪惩罚。所谓"取有时"，是在禽兽怀胎卵期间禁止猎杀，即"其间杀胎者有禁，杀卵者有禁"。对于法定的猎户，"违者，夺所乘马及衣服弓矢，以赏见而言者，见而不言者亦同罪。"大都郊区被划为皇家猎场，禁止老百姓打猎，违者严惩，"籍没一半家产，断罪，仍迁其乡于真定之南，籍没物赏告人。"但大都郊区赋重差繁，若遇灾年，经常是民不聊生，饥民无以为食，常偷猎野兽充饥，官府害怕激起民变，只好放宽禁猎法令，"岁饥而盗猎禁地者赦"，例如，"至元二十六年（1289年）十二月二十八日奏，檀州（今密云区）禁地内，刘得成杀食野物，虽以词伏，缘饥缺食，违禁救死，出不得已。其家有牛二十头，若依例籍没，何以为生。奉旨免之。明年，房山（今房山区）民，亦以饥犯禁，依前例奏免之。"

皇帝在大都郊区的行围打猎，一般是在农历二三月间。之后，休息一段时间即出巡上都。有的文献上说，皇帝经常在大都城南柳林地方（在现通州区内，具体地点待考）。其实，这只是其中一个猎场，房山、昌平等近山地区，也有猎场。

皇帝每次打猎，皇子和诸王、大臣都要随猎，并带大批军队，搭起许多帐蓬，如行军打仗一般，结束时要举办大型宴会。《马可波罗行记》第94章，记其随忽必烈打猎所亲见情形，是与汉文献的有关记述大体相同，转录一段，其在皇帝狩猎驻地所见："其行帐及其诸子、诸臣、诸友、诸妇之行帐在焉。都有万帐，皆甚富丽，其帐之如何布置，此后言之。其用以设大朝会之帐，甚广大，足容千人而有余。帐门南向，诸男爵、骑尉班列于其中。西向有一帐，与此帐相接，大汗居焉。如欲召对某人时，则遣人导人此处。大帐之后，有一小室，乃大汗寝所。此外尚有别帐、别室，然不与大帐相接。此二帐及寝所布置之法如下：每帐以三木柱承之，辅以梁木，饰以美丽狮皮。皮有黑白朱色斑纹，风雨不足毁之。此二大帐及寝所外。亦覆以斑纹狮皮。帐内则满布银鼠皮及貂皮，是为价值最贵而最美丽之两种皮革。

此种帐幕之周围，别有他帐亦美，或储大汗之兵器，或居扈从之人员。此外尚有他帐，鹰隼及主其事者居焉。由是此地帐幕之多，竟至不可思议。人员之众，及逐日由各地来此者之多，竟似大城一所。盖其地有医师、星者、打捕鹰人及其他有裨于此周密人口之营业。而依俗各人皆携其家属俱往也。"

除大都郊猎之外，还有水猎，即猎获水禽。其猎场，名飞放泊，元代称为南海子（蒙古称湖泊为海子，元代称积水潭为北海子，与之相对应，此处称南海子，部分水面仍存在今南苑一带，遗址现辟为南海子郊野公园。）当时水面周 160 余里，分三个大的湖泊，又称为三海子。水禽走兽很多。明清两代仍为皇家猎场，明人所著《帝京景物略》纪述了元末明初的情况："城南二十里，有囿，曰'南海子'，方一百六十里，海中殿，瓦为之。曰'幄殿'者，猎而幄焉尔，不可以数至而宿处也。殿旁晾鹰台，鹰扑逐以汗，而劳之，犯霜雨露以濡，而煦之也。台临三海子，水泱泱，雨而潦，则旁四溢，筑七十二桥以渡，元旧也。我朝垣焉，四达为门，庶类蕃殖，鹿、獐、雉、兔，禁民无取，设海户千人守视。永乐中，岁猎以时，讲武也。"

在元代，大兴县对南海子有管理之责。县官每年要役使乡民清理湖面，种植水草，吸收成群结队的天鹅来栖息，以供皇家猎获，当时，是以海东青捕获天鹅为水猎的主要活动。

元朝皇帝水猎时，如对敌布阵，场面极为壮观。《马可波罗行记》第 93 章曾记述了他亲见的忽必烈火在飞放泊水猎的壮观："君主驻跸于其都城，逾阳历 12 月、1 月、2 月共三个月后，阳历 3 月初即从都城首途南下，至于海洋，其距离有二日程。行时携打捕鹰人万人，海青五百头，鹰鹞及他种飞禽甚众，亦有苍鹰，皆备沿诸河流行猎之用。然君等切勿以为所携禽鸟皆聚于一处，可以随意分配各所。每所分配禽鸟一、二百，或二百以上，为数不等，此种打捕鹰人以其行猎所获多献大汗。君主携其海青及其他禽鸟行猎之时，如上所述。此外尚有万人，以供守卫，其人名称脱思高儿，此言守卫之人也。以两人为一队，警卫各处，散布之地甚广。"

元代张昱在《辇下曲》中，用诗的语言，描绘了这壮观的场面："驾鹤风起白鲹䰄，秋夏跟随驾往回，圣主已开三面网，登盘玉食从天来。"（指捕获天鹅）；"天朝习俗乐从禽，为按名鹰出柳荫。立马万夫齐指望，半空鹅影雪洗沈。"这是写万人伫望，成群结队的天鹅如团团玉雪（天鹅色白）从天而降。

猎罢，皇帝要举行诈马宴（质孙宴），将猎获的天鹅和各种飞禽走兽，与诸王、大臣共享。这些活动，曾在北京历史上广为流传、成为文人雅士歌咏的题材。清朝初年，有位著名诗人吴伟业，写了一首题为《南海子海户曲》的长诗，记述了元朝皇帝水猎的传闻。原诗较长，节录如下：

图 4　元　刘贯道　元世祖狩猎图

（中国台北故宫博物院藏）

大红门前逢海户，衣食年年守环堵。
收藁腰镰拜啬夫，筑场贯酒从樵父。
不知占籍始何年，家近龙池海眼穿。
七十二泉长不竭，御沟春暖自涓涓。
平畴如掌催东作，水田漠漠江南乐。
驾鹅鹚鹔满烟汀，不枉人呼飞放泊。
后湖相望筑三山，两地神州咫尺间。
遂使相如夸陆海，肯教王母笑桑田。
蓬莱楼阁云霞变，晾鹰台上何王殿？
传说新罗玉海青，星眸雪爪飞如练。（玉海青，即白鹰也。）
诈马筵开挏酒香，（元有诈马宴。）割鲜夜饮仁虞院。
二百年来话大都，平生有眼何曾见。

皇帝有时由于身体不适或有其他情况，就命诸王、大臣率大批军队，代行狩猎。猎后，要向皇帝奏报，并献上猎物，柯九思《宫词》写道：

元戎承命猎郊坰，敕赐新罗白海青。
得携归来如奏凯，天鹅驰送入宫庭。

他在诗注中说明："海青者，海东俊鹘也。白者尤贵，有数十金者。"新罗（朝鲜古称）所贡海东青是很珍贵的，皇家有专人饲养，其侍奉之谨细养护"过于子之兼父母也。"《析津志·物产》引刘静轩题白海青诗云：

> 皂雕赤鹘世纷纷，羽翮何如白锦文。
>
> 东海飞来一点雪，西风透入万里云。
>
> 老拳独击头鸦脑，俊目仍看狡兔群。
>
> 玉食所需谁可得，夜来丹诏赐元勋。

海东青所获，专供皇帝"玉食"，有时也赐给诸王、大臣。东北等地向朝廷进贡海东青形成了一种历史传统，直到清朝仍有向朝廷进贡海东青的制度。

到了元朝后期，帝王贪图享乐，就很少亲自外出打猎，诸王大臣代猎就成常事了，而且逐渐流于形式，立制之初设想的训练军队等宗旨已消失殆尽。

## 演武

除前述郊猎和水猎之外，元朝宫廷还有三项与之相关的演武活动，即马球、射柳与射天狼。这是具有制度性的三项娱乐活动。其立制初衷，与狩猎是一样的，意在令子孙后代勿忘传统，永葆尚武精神。

马球，在元代文献也称"击球"，是继承金朝女真风俗形成的。《金史·礼志八》记其法："各乘所常习马，持鞠杖，杖长数尺，其端如偃月。分其众为两队，共争击一球。先于球场南立双桓，置板，下开一孔为门，西加网为囊，能夺得鞠击入囊者为胜。或曰'两端对立二门，互相排击，各以出门为胜'。"

在元代，马球被正式列为一种国家制度。每年五月五日、九月九日于皇宫西华门内举行比赛。皇太子与妃，诸王与各衙署蒙古主官及宿卫禁军将领等参加，球是用兽皮缝制，内填充羊毛或碎毡类物的软球，参加者骑骏马，手持长藤杖杆，驰骋争球投门。《析津志·风俗》记载得很具体，转录供参考："击球者，今（误。应为'金'——引者）之故典。而我朝演武亦自不废。常于五月五日、九月九日，太子、诸王于西华门内宽广地位，上召集各衙万户、千户，但怯薛能击球者，咸用上等骏马，系以雉尾、缨络，萦缀镜铃、狼尾、安答海，装饰如画。玄其障泥，以两肚带拴束其鞍。先以一马前驰，掷大皮缝软毬子于地，群马争骤，各以长藤柄毬杖争接之。而毬子忽绰在毬棒上，随马走如电，而毬子终不坠地。力捷而熟娴者，以毬子挑剔跳掷于虚空中，而终不离于毬杖。马走如飞，然后打人球门中者为胜。当其击毬之时，盘屈旋转，倏如流电之过目，观者动心骇志，英锐之气奋然。虽耀武者，捷疾无过于是，盖有赏罚不侔耳。如镇南王之在扬州也，于是日王宫前列方盖，太子、妃子左右分坐，与诸王同列。执艺者上马如前仪，胜者受上赏；罚不胜者，若纱罗画扇之属。此王者之击毬也。其国制如此。"

射柳，这也是继承金朝女真族风俗而形成的。女真聚会宴饮，都以骑射为乐，特别是端午、中元、重阳宴乐必射柳为乐。(《金史·礼乐八》)记其法："插柳球场为两行，当射者以尊卑为序，各以帕识其枝，去地约数寸，削去皮而白之。先以一人骑马前导，后驰马以无羽横镞箭射之。既断柳，又以于接而驰去者为上；断而不能接去者次之；或断其青处，及中而不能断与不能中者为负。"

元代也将射柳作为演武活动，列为国家制度。

射柳，元代文献也写作斫柳。斫，即断的意思。其制：在端午节这天。诸王与妃列坐，在欢舞宴乐的同时，命军兵列阵助威观看武将射柳。将去掉青皮的柳枝埋地，上悬手帕，作为靶子，武将飞马射箭，射断柳枝者胜。《析津志·风俗》记之颇详："斫柳者于端午日，质明镇南王于府前张方盖。与王妃借坐焉。是时，覃王妃同在，诸王妃咸坐，仍各以大红销金伞为盖，列坐于左；诸王列坐于右。诸王行觞为节令寿。前列三军，旗帜森然。武职者咸令斫柳。以柳条去青一尺，插人土中五寸。仍各以于帕系于柳上，自记其仪。有引马者先走，万户引弓随之，乃开弓斫柳。断其白者，则击锣鼓为胜，其赏如前。不胜者亦如前罚之。仪马定咸与前（指击球戏同）饰同。此武将耀武之艺也。"

射天狼，是太子亲自参加的比武射箭。每年的十月，选择黄道吉日，于东华门外，设置靶场，皇太子、诸王等都要参加。束草为人形，作箭靶（因以草人为靶，所以也称射草人）。皇太子首射后，诸王等比试箭法。赛后，照例举行盛大宴会。《析津志·岁记》记述颇详，读来也很有趣味："十月开垜场。十月太史院涓日，都府差官于东华门外作苇芭，南向北三所，北向南如之，约三百步。西一所即储皇、诸王等，二所省院宰辅，第三所武职枢所。官措定，候旨。至正十六年特旨，翰林学士承旨月鲁帖木儿，提调丞相定住，除监脩国史。后一日，圣上在西宫，丞相略聚，请太子开垜场御弓。得旨，百辟导从，至垜场，端箭调弓，自有主者提让升降，动有国典，俱用小金仆姑。（名小追风箭。）其制：宰执奉弓执箭，跪以进，太子受弓后，发矢至高远，名射天狼。（俗呼射天狗，束刍为草人以代天狼，非侯。）三矢而止。宰执揖让，进拜太子后，开号发数矢。诸王如上发矢，不以虎侯，豹虎熊侯，以草为人作侯，遵国典也。以次射毕，于别殿张盛燕，极丰厚。散饭，上位赐月鲁帖木儿银一定，羊軆。盖以劳其提调执事之役也。此谓之胥子茶饭。胥用牛者，俗又名射草人。"

## 占卜与消灾祈福习俗

趋吉避凶，是人类的共同心理，元朝帝后与诸王、大臣当然也不例外。他们每时每刻处在政治的狂风恶浪中，心中总是焦疑不安，比常人更渴望神灵保佑，预知吉凶，避灾得福。因此，遇大事，都要由女巫占卜，并在原风俗基础上，形成了一套独具特色的消灾求福习俗。

巫师降神卜吉凶：蒙古人最初信奉萨满教。遇大事必请巫师降神卜吉凶，或烧灼羊的肩胛骨占卜。《蒙鞑备录》记其事："凡占卜吉凶进退杀伐，每用羊骨扇区，以铁椎火椎之。看其兆坼，以决大事，类龟卜也。"《黑鞑事略》所记略同："其占筮，则灼羊之枚子骨，验其文理之逆顺，而辨其吉凶，天弃天予，一决于此。信之甚笃，谓之烧琵琶，事无纤粟不占，占必再四不已。"

（徐霆注：烧瑟琶即钻龟也。）尤其是出兵打仗则必占卜。成吉思汗创业时，每遇战事，必令耶律楚材占卜，或亲自烧羊胛骨卜之。宋子贞为耶律楚材所写《中书令耶律公神道碑》，特别记述这件事："每出征，必令公占吉凶，上亦烧羊胛骨以符之。"

建立蒙古汗国后，随着征服地位的不断扩大，政治视野日益开阔，多元文化强力渗透，其家族和亲贵大臣信仰逐渐多元化。例如，忽必烈的生母是基督教徒，而忽必烈本人则皈依藏传佛教。但是，他们仍然保留着萨满教的信仰，犹如忽必烈吸收了大量维吾尔、藏族和汉族文化，仍然坚持保有本民族文化一样。因此，入主中原，建立大都之后，宫廷仍然保留萨满教信仰。吉凶祸福都要由巫师占卜。例如，《元史·郭宝玉传》："辛卯春正月，睿宗自洛阳来会于三峰山……睿宗令军中祈雪，又烧羊胛骨，卜吉凶，得吉兆。"

在大都的皇宫里，有专职女巫作占卜，而且是每遇大事必卜，因而成为皇宫常年的重要活动。当时人张昱写的《辇下曲》，其中就有一首是专门写宫廷占卜的："狼髋且抛何且咒，女巫凭此卜妖祥。手持朴樕挥三祀，触洁祈神受命长。"这里只是以狼骨代替了羊骨，卜吉凶之外又增加了求神降福保佑的内容。

更重要的是，在元大都，忽必烈及其子孙们把占卜和女巫跳神作为保持本民族文化传统，抵制完全汉化的一项重要内容，在太庙祭祖等重大活动中，将其列入国家典制（详见后文）。

女巫跳神，皇宫和民间没什么不同，只不过是巫师的服饰和器物比民间华贵而已。萨满教是多神教，以为山石树木等万物有灵。巫师常常模仿狼嗥狐狸叫，表示神灵降临。巫师穿法衣、执法器，在一个灯光昏暗的密封黑屋里，唱跳呼号，造成一种神秘的氛围，以摄服人们的心灵。当时有个名为吴莱的诗人写了一首《北方巫者降神歌》，将巫师降神写得活灵活现，生动有趣（皇宫里的降神也大体如此），转录如下，供欣赏：

天深洞房月漆黑，巫女击鼓唱歌发。
高梁铁灯悬半空，塞向瑾户跰不通。
酒肉滂沱静几席，筝琶朋掯凄霜风。
暗中铿然那敢触，塞外袄神唤来速。
陇坻水草肥马群，门巷光辉耀狼蠡。
举家侧耳听语言，出无入有凌崑崙。
妖狐声音共叫啸，健鹘影势同飞翻。
瓯脱故王大猎处，燕支废碛黄沙树。
休屠收像接秦宫，于阗请骑开汉路。

古今世事一渺茫，楚襪越女几灾祥。

是耶非耶降灵场，麒麟披发跨大荒。


射草狗消灾：这也是元朝宫廷保留的蒙古旧俗，很有特点：做草人、草狗各一，置于西镇国寺（皇家喇嘛庙），于腊月下旬，选吉日，举行宗教仪式，射之，祈求消灾。《元史·祭祀六》所记甚详："每岁，十二月下旬，择日，于西镇国寺内墙下，洒扫平地，太府监供彩币，中尚监供细毡针线，武备寺供弓箭环刀，束杆草为人形一、为狗一。剪杂色彩缎为之肠胃，选达官世家之贵重者交射之。非别速、札刺尔、乃蛮、忙古台、列班、塔达、珊竹、雪泥等氏族，不得与列。射至糜烂，以羊酒祭之。祭毕，帝后及太子嫔妃并射者。各群所服衣，俾蒙古巫觋祝釐之。祝釐毕，遂以与之，名曰'脱灾'。国俗请之射草狗。"从其所规定的参加人员看，是严格限制在几个部族的高官，而不是所有蒙古王公贵族都可参加，由此看来，这不是蒙古族的普遍风俗，可能是皇室特有的，而且是成吉思汗时传下来的。特准参加射草狗的几个部族，很可能是追随成吉思汗起兵艰难创业的部族，共同克服了危难，后来再经过较长时间的宗教仪式化，形成了特殊的宫廷习俗。

以黑白羊毛线缠身消灾祈福：这是元朝宫廷一直

保持的蒙古旧俗，《元史·祭祀六》记述得很具体："每岁，十二月十六日以后，选日，用黑白羊毛为线，帝后及太子，自顶至足，皆用羊毛线缠系之，坐于寝殿。蒙古巫觋念咒语，奉银槽贮火，置米糠于其中，沃以酥油，以其烟熏帝之身，断所系羊毛，纳诸槽内。又以红帛长数寸，帝手裂碎之，唾之者三，并投火中。即解所服衣帽付巫觋，谓之脱旧灾、迎新福云。"这也是已经"汉化"了的蒙古旧俗。腊月辞旧迎新是汉族习俗，元朝进入中原以前没有这种习俗。羊毛线是蒙古贫富之家皆有的平常之物，只有盛火的银槽才显示皇家的富贵。（普通蒙古人家进行这种活动时是用铁盆盛炭火，或直接将炭火堆于地上）。

结羊肠祈福：当时的元大都流行正月十六日结羊肠祈福的习俗，即将红纸剪成长条，像羊肠一样回环编结成各种图案，在皇宫的年轻宫女中很流行。张昱《宫中词》就有一首是写结羊肠的：

> 纸绳未把祝炉看，自觉红生两脸傍。
> 为蹬为轮俱有喜，莫将绾结作羊肠。

这说的元朝后宫结羊肠的习俗很盛行。"自觉红生两脸傍"一句，说明年轻妃嫔和宫女结羊肠卜吉凶、祈神佑，多为婚姻和男女情怀等难与人言的心愿。这是在当时大都年轻女性中普遍流行的很有意思的风俗。是日，女孩子都要梳洗打扮，烧香祭拜神灵，然后将纸（可能是红色，因为贴对联等都是用红纸）剪成一尺左右条条，编织双双结（类似现在的同心结），将心事祷告神灵，祈求保佑。事毕，再拜送神。一般来说，青春期的女孩子祈求神灵保佑的多为婚姻大事，难于启齿，只能默默诉与神知。大诗人揭傒斯《结羊肠辞》对此写得很生动、有韵味：

> 正月十六好风尘，京城女儿结羊肠。
> 焚香再拜礼神毕，剪纸九道尺许长。
> 捻成对绾双双结，心有所期口难说。
> 为轮为镫恒苦多，忽作羊肠心自别。
> 邻家女儿闻总至，未辨吉凶忧且畏。
> 须臾结罢起送神，满座欢欣杂憔悴。
> 但愿年年逢此日，儿结羊肠神降吉。

从结羊肠的名称来看，很可能是蒙古旧俗传到大都的，而又融入了汉文化。这也反映了大都日常生活中蒙汉文化的交流与融合。

## 帝后葬礼与祭祖

### 帝后葬礼

有生必有死，这是自然界铁律，是贵为帝王也不能逃脱的法则。只不过是帝王家葬礼比普通百姓豪奢而已。汉族皇帝登极之后，都要为自己修造规模宏大、豪华壮观的陵墓，以便死后到另一个世界安享尊荣。元朝皇家在这个问题没有"汉化"，而仍然保留了游牧生活形成的随处而葬的旧俗，只不过是增添了楠木棺、随葬金器以举行祭祀礼等显示尊贵而已。《元史·祭祀志六》记述了这个特殊习俗："凡帝后有疾危殆，度不可愈，亦移居外毡帐房。有不讳，则就殡殓其中。葬后，每日用羊二次烧饭以为祭，至四十九日而后已。其帐房亦以赐近臣云。凡宫车晏驾（帝后死后），棺用香楠木，中分为二，刳肖人形，其广狭长短，仅足容身而已。殓用貂皮袄、皮帽，其靴袜、系腰、盒钵，俱用白粉皮为之。殉以金壶瓶二。盏一、碗碟匙筯各一。殓讫，用黄金为箍四条以束之。舆车用白毡青缘纳失失为廉，覆棺亦以纳失失为之。前行，用蒙古巫媪一人，衣新衣，骑马，牵马一匹，以黄金饰鞍告，笼以纳失失，谓之金灵马。日三次，用羊奠祭。至所葬陵地，其开穴所起之土成块，依次排列之。棺既下，复依次掩覆之。其有剩土，则远置他所。送葬官三员，居五里外。日一次烧饭致祭，三年然后返。"有的文献还记载，葬后以马踏平。一二年后青草如旧，人难辨识，防止被盗。同时杀哺乳母驼，第二年，忌日，放仔驼寻母至被杀处，人随之而致祭。

### 烧饭祭

前引《元史·祭祀志六》，"（帝后）葬后，每日用羊二次烧饭以为祭，至四十九日而已。"这里所说的烧饭祭，不能从汉文字义理解，它只是借用汉文表述的蒙古和辽金时期契丹、女真的一种祭祀习俗。

所谓烧饭，简而言之，即烧掉死者生前所有鞍马、衣服之类，在早期甚至包括生前役使的奴婢等。李焘《续资治通鉴长编》天圣九年（辽兴宗景福元年，1031年）六月条："（辽圣宗）既死，则设大穹庐，铸金为像，朔、望、节辰、忌日并致祭。筑台高愈丈，以盆焚酒食、谓之烧饭。"（《契丹国志》卷二三也有相同记载）；《三朝北盟会编》政宣上帙三"死者埋之而无棺椁。贵者生焚所宠奴婢、所乘鞍马以殉之。所有祭祀饮食之物尽焚之，谓之烧饭。"（《大金国志》卷三九记载相同）。

元代与辽、金不同的是，烧饭祭是在死后，每天两祭，至四十九天而止。不杀奴婢。又每年九月、十二月烧饭祭，而且设有专门的烧饭园。

《析津志·古盼》记："烧饭园，在蓬莱坊南。由东门又转西即南园红门，各有所主祭之，树坛位。其园内元殿字，惟松柏成行，数十株森郁，宛然著高懔怆之意。阑与墙西有烧饭红门者，乃十一室之神门，来往烧饭之所由，无人敢行。往有军人把守。每祭，则自内庭骑从酒物，呵从携持祭物于内。烧饭师婆以国语祝祈，遍洒潼酪酒物。以火烧所祭之肉，而祝语甚详。先，烧饭园在海子南，今废为官祭场。"

这条资料，使我们对元朝皇家的烧饭园能够有个大体了解。大都建成之初，在海子（今积水潭）南设烧饭园，后移至城南。它很像现代的陵园，周围有墙，园内植松柏，无殿字，有军兵把守，蒙古女巫祷祝，洒马奶酒，烧祭品。基本上是按蒙古旧俗。

每年烧饭祭。《元史·祭礼志六》有明确记述："每岁，九月内及十二月十六日以后，于烧饭院（园）中，用马一、羊三、马湩（马奶酒）、酒醴（甜酒，此处指葡萄酒），红织金币及裹绢各三匹，命蒙古达官一员，借蒙古巫觋，掘地为坑以燎肉，以酒醴、马湩杂烧之。巫觋以国语呼累朝御名而祭焉。"


## 蒙汉结合太庙祭祖

营建大都之前，元朝就在上都开平，依照汉族礼

90

元太宗皇帝

諱斡格德依太祖第三子在位十三年起宋理宗

紹定二年己丑終宋理宗淳祐元年辛丑金正大

六年

91

图5 元太宗半身像

（中国台北故宫博物院藏）

制，建太庙祭祖。大都基本建成之后，"（至元）十四年（1277年）八月乙丑，诏建太庙于大都"（《元史·祭祀志二》），太庙也很快建成。到至元十六年（1279年）八月"以江南所获玉爵及站，凡四十九事，纳于太庙。"（同上），这就是说，将消灭南宋时虏获的各种朝廷祭祀重器纳于新修的大都太庙。

成宗元贞二年（1296年），制订特祭典礼，即除遵循汉族王朝传统的祭祀礼制外，增加蒙古习俗："特祭太庙，用马一，牛一，羊、鹿、豕（猪）、天鹅各七，余品如旧，为特祭之始。"（同上）

延祐七年（1320年），仁宗死、英宗立，制订皇帝躬亲礼祭太庙礼仪，此时行大祭礼。大祭礼最重要的是，典礼中加大蒙古旧俗元素，《元史·祭祀志三》特别着重记述了这一点："凡大祭祀，尤贵马湩（马奶酒）。将有事，教太仆寺拥马官，奉尚饮者革囊盛送焉。其马牲与三牲同登于俎，而割奠之馔，复与笾豆俱设。将奠牲盘酹马湩，则蒙古太祝升诣第一座，呼帝后神讳，以致祭年月数、牲齐品物，致其祝语。以次诣列室，皆如之。礼毕，则以割奠之余，撒于南棂星门外，名曰"抛撒茶饭"。盖以国礼行事，尤所重也。"

张昱《辇下曲》有一首诗专记其事：

国俗祠神主中宵，毡车毡偶挂宫灯。

神来鼓盖自飞动，妖自人兴如有凭。

史家特别指出，元代"其祖宗祭享之礼，割牲、奠马湩，以蒙古巫祝致辞，盖国俗也。"（《元史·祭祀志三》）祭奠以马奶酒，以蒙古巫祝为礼仪官，是元朝太庙祭祖的最突出民族特点。元朝把祭祖作为保持民族传统，团结宗族，巩固国基的重要内容，所以特别重视，除蒙、汉结合的太庙祭祖外，还保持了洒马奶子野祭和帝后遗像供奉于喇嘛庙等传统方式，并且立为国家重要的祭祀制度。

### 上都野祭

皇帝每年夏天都要出巡上都，在此期间要举行洒马奶子野祭祖先，《元史·祭祀志六》："每岁，驾幸上都，以六月二十四日祭祀，谓之洒马奶子。用马一、羯羊八、彩缎练绢各九匹，以白羊毛缠若穗者九，貂鼠皮三，命蒙古巫觋及蒙古、汉人秀才达官四员领其事，再拜告天。又呼太祖成吉思汗各而祝之，曰'托天皇帝福荫，年年祭赛者'。礼毕，掌祭官四员，各以祭币、表里一与之，余币及祭物，则凡与祭者共分之。"

### 帝后遗像供奉喇嘛庙

受藏传佛教浸润的元朝帝王，生前崇奉喇嘛教，死后灵魂也要皈依喇嘛庙，由护国神玛哈噶拉护佑。他们死后，要将织绵等工艺制成的"御容"（即画像）供奉在殿堂里，称为"神御殿"（类似汉族的家庙、祠堂）。这种"神御殿"不是独成一区的建筑，而是设在喇嘛庙里，由喇嘛庙的殿堂改建而成。《元史·祭祀志四》对此记述的非常详细：

神御殿，旧称影堂。所奉祖宗御容，皆纹绮局织锦为之。影堂所在：世祖（忽必烈）帝后大圣寿万安寺，裕宗（真金，忽必烈嫡子，未继位而终，成宗时追谥"裕宗"）帝后亦在焉；顺宗（答剌麻八剌，真金第二子，大德十一年（1307）年秋，其子武宗继皇位，追谥为"昭圣衍孝皇帝"，庙号顺宗）帝后大普庆寺，仁宗（爱育黎拔力八达，1312—1320年在位）帝后亦在焉；成宗（铁木耳，1295—1307年在位）帝后大天寿万宁寺；武宗（海山，1308—1211年在位）及二后大崇恩福元寺，为东西二殿；明宗（和世㻋，武宗海山长子，天历二年，1329年曾在和林北即帝位，是为明宗，南还大都途中被毒杀）帝后大天源延圣寺；英宗（硕德八喇，1321—1323年在位）帝后大永福寺；也可皇后大护国仁王寺。世祖、武宗影堂，皆藏玉册十有二牒，玉宝一钮。仁宗影堂，藏皇太子玉册十有二牒，皇后玉册十有二牒，玉宝一钮。英宗影堂，藏皇帝玉册十有二牒，玉宝一钮，皇太子玉册十有二牒。凡帝后册宝，以匣柜金锁钥藏于太庙，此其分置者…其祭之日，常祭每月初一日、初八日、十五日、二十三日；节祭元旦、清明、蘸宾（七月十五日中元节）、重阳、冬至、忌辰。其祭物，常祭。以蔬果，节祭忌辰用牲。祭官便服，行三献礼。加荐用羊羔、炙鱼、馒头、馍子、西域汤饼、园米粥、沙糖饭羹。

泰定二年（1325年），亦作显宗（甘麻剌，真金长子、封晋王，也孙铁木尔以嗣晋王即皇帝位，是为泰定帝，追尊甘麻剌为"光圣仁孝皇帝"，庙号显宗）影堂于大天源延圣寺，天历元年（1328年）废，……既而，复以祖宗所御殿尚称影堂，更号神御殿。殿皆制名以冠之：世祖曰"元寿"，昭睿顺圣皇后（世祖之后）曰"睿寿"，南必皇后（世祖之后）曰"懿寿"，裕宗曰"明寿"、成宗曰"广寿"、顺宗曰"衍寿"，武宗

日"仁寿"，文献昭圣皇后曰"昭寿"，仁宗曰
"文寿"，英宗曰"宣寿"，明宗曰"景寿"。

据《析津志·祠庙仪祭》记载，要定期派官到供奉
帝后的寺庙行香祭祀。各位帝后忌日如下：

完者笃皇帝（元成宗铁穆耳），中心阁，正官，正
月初八日。曲律皇帝（武宗海山），南寺，同前。普颜
笃皇帝（仁宗爱育黎拔力八达），白塔寺，正官，二十
一日。世祖皇帝（忽必烈），白塔寺，大小官员，二十
二日。英宗皇帝（硕德八剌），青塔寺，正官，二月初
六日。察必皇后憼忌，高梁河寺，正官，初十日。

老太后周年，白塔寺，正官，二十九日。

普颜笃皇帝（仁宗爱育黎拔力八达）憼忌，普庆
寺，正官，三月初三日。亦怜真班皇帝（元宁宗）憼
忌，中心阁，二十九日。

阿咱失里皇后憼忌，普庆寺，正官，四月初九日。
贞裕徽圣皇后周年，黑塔寺，大小官，二十六日。顺宗
皇后忌日，普庆寺，正官，五月初八日。那木罕主人憼
忌，高梁河寺，正官，六月初二日。

顺宗皇帝（答剌麻八剌）憼忌，普庆寺，正官，初
四日。裕宗皇帝憼忌，白塔寺，大小官，二十日。速哥
八剌皇后忌日，青塔寺，二十一日。

# 鲁班天子与十六天魔舞

## "不务正业"的鲁班天子

封建社会，历代帝王都有不少荒唐事，元朝当然也不例外。现以元顺帝为例。他是元朝末代皇帝，名妥欢帖睦尔，蒙古语乌哈笃皇帝。至正二十八年（1368年）正月，朱元璋在南京称帝，国号"大明"，建元洪武。七月初，明军进兵大都。七月二十八日，妥欢贴睦尔率后妃、太子弃城，北逃上都，八月初二日，徐达率明军占领大都，元朝灭亡。洪武二年（1369年）六月，明将常遇春攻上都，妥欢帖睦尔奔应昌。第二年四月，病死，庙号惠宗，明太祖加号顺帝。他不仅以亡国之君标名青史，更以荒唐皇帝为后人所讥讽。略举两事：

一是不务正业，迷恋奇技淫巧制作。皇帝的"本职"应该是管理朝政，治理国家，但元顺帝置此于不顾，迷恋于各种奇技淫巧玩艺制作。据《元史·顺帝本纪六》说："帝于内苑造龙船，委内宫供奉少监塔思不花监工。帝自制其样，船首尾长一百二十尺，广二十尺，前瓦帘棚、穿廊、两暖阁，后吾殿楼子，龙身并殿宇用五彩金粧，前有两爪。上用水手二十四人，身衣紫衫，金荔枝带，四带头巾，于船两旁下各执篙一。自后宫至前宫山下海子内，往来游戏，行时，其龙首眼口爪尾皆动。又自制宫漏，约高六七尺，广半之，造木为匮，阴藏诸壶其中，运水上下。匮上设西方三圣殿，匮腰立玉女捧时刻筹，时至，辄浮水而上。左右列二金甲神人，一悬钟，一悬钲，夜则神人自能按更而击，无分毫差。当钟钲之鸣，狮凤在侧者皆翔舞。匮之西东有日月宫，飞仙六人立宫前，遇子午时，飞仙自能耦进，度仙桥，达三圣殿，已而复退立如前。其精巧绝出，人谓前代所鲜有。"作为一个皇帝，如果利用职权，命令一些人制造一些奇巧玩艺，如果不妨碍政务，也不会被人指责，但他不是这样，而是亲自画图制作，沉迷其中。元明之际有一本专记顺帝朝事的历史笔记，题名《庚申外史》说："帝尝为近侍建宅，自画屋样，又自制木构宫，高尺余，栋梁楹榱，宛转皆具，付匠者，按此式为之。"看来，他不仅是指挥，而且是亲自画图，亲操斧刨制作。这是造化弄人，把他的身分弄错位了。如果他生为匠人，堪称"良匠"，但他身为皇帝，就显得荒唐了。所以，当时大都人送给他一个"鲁班天子"的雅号。作为神奇工匠的代名词，如果以"鲁班"之号送给一个匠人，当然是崇高的赞誉，但将其与"天子"连在一起，就有些不伦不类，暗含讥讽了。不过，这也为后来许多文人提供了写作素材。例如，清代史梦兰写一部题名《金史宫词》的诗集，其中有一首就是写鲁班天子的："鲁般天子擅奇才，宵旰亲操斧削来。屋样描成颁匠氏，九重尺木起楼台。"虽然只有四句，尽可令人玩味。当时，江南民不聊生，暴动、造反风起云涌，朝中争权斗争愈演愈烈，你死我活，而大都则是饥荒"加以疫疠，民有父子相食者。"在这种历史背景下，以治国为职责的皇帝沉迷于奇技淫巧，留下"荒唐"的历史骂名，也算名副其实了。

## 十六天魔舞

元顺帝留恶名于青史的第二件事，是以崇佛、修炼为名，广采美女，宣淫于后宫，美其名于"十六天魔舞"。《元史·顺帝本纪六》浓墨重彩地给他记上了一笔，说他"怠于政事，荒于游宴，以宫女三圣奴、妙乐奴、文殊奴等一十六人按舞，名为十六天魔，首垂发数辫，戴象牙佛冠，身被璎珞、大红绡金长短裙、金杂袄、云肩、合袖天衣、绶带鞋袜，各执加巴剌般之器，内一人执杵奏乐。又宫女一十一人，练槌髻，勒帕，常服，或用唐帽、窄衫，所奏乐用龙笛、头管、小鼓、筝、蓁、琵琶、笙、胡琴、响板、拍板。以宦者长安迭不花管领，遇宫中赞佛，则按舞奏乐。宫官受秘密戒者得入，余不得预。"

他宠信奸臣哈麻和一批恶僧，广采良家民女，君臣裸体与之共舞，公然宣淫，秽声闻于朝野。

哈麻是西域色目人，与其弟雪雪，年青时作宫廷卫士，以能言善辩和色相，深受顺帝爱幸。他将西僧（可能是皈依喇嘛教的色目人）推荐给顺帝，教皇帝运气术，号"演揲儿法"——译成汉语，即大欢乐的意思，其实是一种房中术。

《元史·奸臣传》着重记述了这些淫秽事，以昭示后人：

> 初，哈麻尝阴进西天僧以运气术媚帝，帝习为之，号演揲儿法。演揲儿，华言大喜乐也。哈麻之妹婿集贤学士秃鲁贴木儿，故有宠于帝，与老的沙、八郎、答剌马吉的、波迪哇儿祸等十人，俱号倚纳。秃鲁贴木儿性姦狡，帝爱之，言听计从，亦荐西蕃僧伽璘真于帝。其僧善秘密法，谓帝曰：'陛下虽尊居万乘，富有四海，不过保有见世而已。人生能几何，当受此秘密大喜乐禅定。'帝又习之，其法亦名双修法。曰演揲儿，曰秘密，皆房中术也。帝乃诏以西天僧为司徒，西蕃僧为大元国师。其徒皆取良家女，或四人、或三人奉之，谓之供养。于是帝日从事于其法，广取女妇，惟淫戏是乐。又选采女为十六天

魔舞。八郎者，帝诸弟，与其与谓倚纳者，皆在帝前，相与衷狎，甚至男女裸处，号所处室曰皆即兀该，华言事事无碍也。君臣宣淫，而群僧出入禁中，无所禁止，丑声秽行，著闻于外，虽市井之人，亦恶闻之。

这些淫秽恶行，在当时就是大都人街谈巷议的谈资，文人笔下的绝好素材。时人张昱《辇下曲》有一首专写其事："西天法曲曼声长，璎珞垂衣称绝装。大宴殿中歌舞上，华严海会庆君王。西方舞女即天人，玉手昙花满把青。舞唱天魔供奉曲，君王常在月宫听。"如果说当时人不敢直斥君王，写得比较含蓄，后来人就写得直接、大胆了。明清的许多史学家和诗人都把元顺帝沉溺天魔舞视为元朝灭亡的直接原因。明初，有位名叫宋讷的诗人，见到元朝败亡后，残破的大都，有感而发，写了题为《北平有感》的组诗（明初改大都为北平），直斥"国亡为女祸"，美女成了俘虏，元主逃回了万里沙漠：

将士城门解甲初，不知相府已收图。

霓裳宫女吴船载，绣服朝臣汉驿趋。

甲第松筠几家在？名园花草一时元。

行人千步廊前过，犹指宫墙说大都。

相臣无策奏岩廓，倾国倾城总祸殃。

同辇谁辞婕妤诏？后庭多学丽华粧。

出墙御柳先零雨，入塞宫花半谢霜。

毕竟玉颜成底事，空遗残粉污椒房。

几回人起乱中华，僭赏轻颁将相麻。

示俭岩宸空植草，助娇上苑浪移花。

当年翠辇三山路，此日毡车万里沙。

自古国亡缘女祸，天魔直舞到天涯。

　　一个名为瞿佑的诗人，也写了一首题为《元大内天魔舞歌唱》，直斥元顺帝淫乱宫廷，不知国家危亡，乐极生悲，"九重城阙烟尘飞"，壮丽的宫殿化为一片灰尘，只好逃之夭夭"阴山之北"，是一首震憾人们心灵的历史悲歌：

"承平日久寰宇泰，选伎徵歌皆绝代。

教坊不进胡旋女，内庭自试天魔队。

天魔队子呈新番，似佛非佛蛮非蛮。

司徒初传秘密法，世外有乐超人间。

真珠缨络黄金缕，十六妖娥出禁籞。

满围香玉逞腰肢，一派歌云随掌股。

**102**

飘飘初似雪回风，宛转还同雁遵渚。

桂香满殿步月妃，花雨飞空降天女。

瑶池日出会蟠桃，普陀烟消观鹦鹉。

新声不与尘俗同，绝技颇动君王睹。

重瞳一笑天颜春，赐锦捐金倾内府。

中书右相内台丞，袖元谏章有曲谱。

天魔舞，筵宴开，驼峰马乳黄羊胎，

水晶之盘素鳞出，玳瑁之席天鹅抬。

弹口琴，哈哈回；吹朔笳，阿牢来。

群臣竞献葡萄杯，山呼万岁声如雷。

天魔舞，不知危；高丽女，六宫妃；西番僧，万乘师。

回纥种类皆台司，内人回避外人疑。

天魔舞，乐极悲；察罕死，牵罗归；铁骑骤，金刀挥。

九重城阙烟尘飞，一榻之外无可依。

天魔舞，将奈何？

多藏金巨罗，急驾白骆驼，阴山之北逃干戈!"

## 揭开后宫帷幕

一般来说，皇宫区分为前朝和后寝两大部分。前朝是皇帝举行大典和处理日常政务的地方。后寝，即人们常说的后宫，是皇帝妻妾的居住处，也是皇帝的日常起居所。历史文献关于皇帝的政治活动记述很多，所以关于皇宫前朝部分的生活比较"透明"，人们也了解得比较多。至于后宫，由于属于生活私密区，有关的历史文献记载得很少，或者说没有记载，所以很多人觉得很神秘。作为皇宫的组成部分，后宫不可能脱离前朝的政治生活，而是千丝万缕联系在一起的。作为最高专权者，皇帝的日常生活是用坚实的高墙封闭起来，而其众多的妻妾，就是在这封闭的有限空间里，过着大异于普通家庭妇女的生活。我们利用历史文献，揭开后宫帷幕的一角，使读者可以透过漫漫冗长的时间隧道，管窥那神秘的王国。

### 政治联姻与选美

后宫是帝王淫乐窝，也是政治斗争的舞台，与历代封建王朝相比，元朝后宫的政治特点更加鲜明和突出。成吉思汗创业之初，始终将联姻作为政治联盟、壮大力量的创业手段。后来，他和他的事业继承者们，又把俘获美女作为胜利象征，或者作为人质安置在后宫，或者将赏赐美女作为激励将士的手段，为了政治需要，打破历代王朝只设一位皇后的惯例，可以设两位、三位，甚至更多皇后。为了政治需要，也可以将宫妃作为斗争的工具。总而言之，元朝的后宫，是完全政治化的，全方位的折射着元代政治。

《草木子》卷三："元朝正后皆用雍（弘）吉剌氏。自太祖与其族帐设誓同取天下，世用其女为后，犹契丹有国世用萧氏为后也。自正后之下复立两宫，其称亦曰'二宫皇宫'、'三宫皇后。三日一轮幸，即书宣以召之。苟有子则为验，遵大金之遗制也。"

除了政治联姻之外，主要是大量刷选美女充实后宫。在创业之初，作为重要政治策略的联姻，在夺取全国政权之后，逐渐淡化，纳弘吉剌氏为皇后只是作为一种传统保持下来，没有更多的政治上的意义了。选美，成了充实后宫的主要手段（即使政治联姻时也要大量选美）。所以，选美是元朝宫廷生活（有时也是政治生活）的重要内容。

成吉思汗的选美，有其特殊的手段和方法。为了与蒙古各部落首领人物加强政治联盟，便与之联姻，选取其年轻的少女为妻，在这种情况下，女方部族的政治、军事实力是首选条件，体貌的美丑，变为次要的了。

据《多桑蒙古史》记载，成吉思汗之妻妾约500人，其有名号的夫人5人，都是政治婚姻的产物，她们作为各自家族、部落的代表，与成吉思汗搞政治结亲。正是由于这样的政治背景，她们在成吉思汗数以百计的妻妾中地位较高，其所生子女，也子以母贵，地位尊崇。这部权威的蒙古史，特别说明了这个问题，写道："成吉思汗诸妻中有夫妇之号者五人，地位最高。第一人名孛儿帖，有夫人之号——夫人者，中国皇帝所授后妃以下之称也。孛儿帖者，弘吉剌部长特因那颜之女也。生术赤、察哈台、窝阔台、拖雷四子，及五女，并配诸部长。蒙古家族中位最高之妻，权较余妻为大，所生子之地位亦随母而尊。故孛儿帖之诸子地位优于余子。诸妻位次第二者曰忽兰，蔑儿乞一部长之女也，生一子曰阔列坚。位次第三及第五者曰也速哈惕、曰也速伦，姊妹二人，皆塔塔儿部人也。位次第四者曰阔阔出，金国皇帝之女也。此外，成吉思汗诸妻中尚有王罕（部落长）之侄女一人，（乃蛮部）太阳汗之寡妇一人，余妻皆属诸将之诸游牧部长之女。"

　　其他妻妾，或选之于蒙古各部落，或得之于俘虏，或从统辖的汉族地区选取。按照当时的规定和惯例，各蒙古部落的年轻女子，每年或隔二三年集中起来，由大汗亲选，大汗喜爱的，留以侍寝，其余的赏赐将领、官员。有时，则层层选拔，送到大汗那里。《多桑蒙古史》对此也有专门的记述，说："（成吉思汗）诸妾皆得之于各国俘虏或蒙古妇女之中。按照当时成立之蒙古俗，而为成吉思汗后人遵守者，君主与诸宗王皆得选美女于诸部落中。凡属于十人队者，由百夫长选其最美者献之千夫长，千夫长复选以献万夫长，万夫长复选以进之于汗。汗所不留者，则或赐之诸妻为侍女，或还其家。"

在常年的征战中，成吉思汗把俘虏的少女赏赐将领，作为激励斗志的一种手段。他公开鼓励子孙和将领们，多多掠获财物、美女，作为奋斗的目标。他把俘虏的美女，除留下自己享用的外，都按功劳大小、职位高低赏赐给有功将士，作为奖励。他说，只要英勇征杀，多得财物、美女，就会得到极大的幸福和快乐："我之后人必将衣金锦，食美食，跨骏马，拥美妇，其乐无穷。"他与将领们的一次谈话，绘声绘色的说明了这一点：

"成吉思汗问博尔术等，人生何者最乐。博尔术曰：'臂名鹰，控骏骑，御华服，暮春之天，出猎于野，斯为最乐。'博尔忽格曰：'鹰鹘自空博击飞禽，不搏落不止。凭骑观之，斯为最乐。'虎必来曰：'围猎之时，众兽惊突，观者最乐。'成吉思汗曰：'不然。人生之乐，莫如歼馘伊敌，如木拔根，乘其骏马，纳其妻女，以备后宫，乃为最乐'。"

图 6　元武宗后半身像
（中国台北故宫博物院藏）

言为心声。这次对话，使蒙古国开创之初金戈铁马的勇猛尚武精神跃然纸上。成吉思汗作为蒙古铁骑的最高统帅，远大的政治抱负，自然与众不同，他把吞并天下、消灭敌国，作为人生最大目标，把利用战争手段夺取美女，作为人生最大乐趣——这当然也是激励将士斗志的一种手段，一种宣传鼓动。所以，成吉思汗时期选美的一个重要途径和办法，就是通过战争手段，利用暴力夺取。

一部记述蒙古国创业史的史学名著《世界征服者史》，曾经这样记述了成吉思汗时期，在战争中俘获美女之后，分配的情况："军中发现月儿般的少女，她们就被集中一起，从十户送到百户，每人均作一番不同的选择，递至土绵长（万户），土绵长也亲自挑选，把选中的少女献给汗或者诸王。汗和诸王再作一番挑选，那些堪充下陈和容色艳丽的，他们说：'依常规留住。'对其余的，则说：'善意遣去之。'他们遣送选中的少女去侍候嫔妃，直到他们想把少女赐人，或者想自己同她们同寝为止。"这些少女成了战争胜利者们的战利品，也是战争最残酷、最悲惨的牺牲品。美貌给她们带来的不是幸福和骄傲，而是痛苦和灾难。

仅这些还不能满足成吉思汗及其将领们的疯狂欲望，他们还经常在被征服的汉族地区选取美女，供作享乐。因为这些汉族地区的少女，生活条件要比蒙古高原地区优越，比起骑马驰骋于沙漠、草原的蒙古姑娘来说，别有一番风韵，因而成了蒙古王公贵族处心积虑猎取的对象。

1220年，成吉思汗派亲信刘仲禄，悬虎头金牌（特制令牌）和贵重礼物，由草原奔往地处海边的山东，迎请长春真人丘处机，以备咨询夺取天下之道和养生长寿秘诀。丘处机率一帮弟子，由山东奔赴塞外。到达燕京（今北京），刘仲禄提出，要选一批美女，携带同行，送给成吉思汗（这是他的一项秘密使命）。丘处机听说之后，非常恼火，说了一个"齐人献女乐，孔子去鲁"的典故——春秋时期，齐景公用计，挑选年轻美貌的女伎80余人，付以身价，教以歌舞管弦丝竹之伎，分作四队，饰以美丽悦目的舞衣，备160匹骏马，派人送到鲁国。鲁定公赏30名女伎给季斯（鲁相），君相二人朝夕沉迷于女色宴乐，疏贤误政。当时，孔子担任大司寇，屡谏不用，气愤地表示："鲁国君相沉溺声色，怎能奋发图强呢！吾道难行，要出走！"于是，挂冠离鲁国而去。

丘处机的想法是，成吉思汗正在艰苦创业时期，不能沉迷于女色，婉转地表示，如果刘仲禄一定要选一批美女携带，自己决不同行，要效法孔子去鲁的故事，拒绝应召前往。这就使刘仲禄左右为难：丘处机作为大汗的客人必须尊重，成吉思汗的秘密使命又不能违抗，事在两难，只好派人向成吉思汗秘密报告，请示如何处理。

这件事的结果如何，史书没有明确记载，但它说明，成吉思汗时期，到汉族地区挑选美女的事，所在多有，是习以为常、司空见惯的。

窝阔台时期，征服的地域越来越广大，政务越来越纷繁，开始了由游牧向定居生活发展，建造了和林（故址在今蒙古人民共和国境内），以为都城，加强了汗权和等级制度。以成吉思汗重用的辽朝宗室、汉化了的契丹贵族耶律楚材为中书令，掌日常政令之执行，选美成了中书令要处理的重要事务。1236年，窝阔台执掌汗权的第八年，侍臣脱欢为讨大汗的欢心，奏请在辖区内普遍选美。窝阔台下令中书省草拟诏令，以行政命令强力推行。耶律楚材压下了这道政令，未立即执行。窝阔台闻知后，大发雷霆，责问耶律楚材为什么抵制命令？耶律楚材缓缓奏道："向所筛室女二十八人尚在燕京（即今北京），足备后宫使令，而脱欢传旨又欲遍行选筛。臣恐重扰百姓，欲复奏陛下耳。"窝阔台本来满腔怒火要发泄，但听了耶律楚材所说，又觉得难以反驳，沉思了很长时间，只得强压愤怒，勉强同意了耶律楚材的奏请，取消了这次选美。这事作为耶律楚材的一件政绩，被后人写入了为其歌功颂德的《神道碑》。通过这个真实的历史故事，可以了解到当时的历史真实：当时选美没有定制，全凭大汗的喜怒，随意采选。据耶律楚材的复奏可知，当时已经在汉族地区选了28名美女，集中在燕京，准备送往和林，尚未起身，选美的命令又要下达，可见其选美的频繁。

1260年，忽必烈夺取了大汗宝座，并仿照历代汉族王朝体制，1271年，宣布国号为"大元"，建元中统。其主要政治目标是统一全国。至元十三年（1276年），元军攻克临安（今杭州），南宋朝廷上表投降，国家基本统一。全国的政治形势发生了巨大变化，各地方政权基本被消灭，全国各地方，包括民族地区，都统一在元朝中央政府之下。大规模的战争基本结束，全国范围内建立了行政管理机构，秉承皇帝意旨办事的中央政府各职能机构有效运转，各种法规初制，也大体粗备。在这种形势下，元朝的选美，在方式上，也和以前有所不同。以前那种主要依靠战争等暴力手段掠夺美女的方式基本结束，而代之以主要以行政手段在全国采选美女的方式。又由于有了稳定的定居生活，并且有了规模宏大、辉煌壮丽的宫殿，因而选美也逐步程序化，并且有了一套融汉、蒙于一炉的独特检测办法。

世界名著《马可波罗行记》对此记述的比较具体，张星烺先生译文很生动流畅，读来很有趣味，不妨转录于下：

他（忽必烈）有四个妻子。这四个妻子他都认为正室（他四个妻子所生的最长子，当大可汗死后，依法是国家承嗣主人）。她们全叫做皇后，再加以各人特殊的名字。她们每一个都有自己的宫。每一个宫，至少也有三百最美丽和娴雅的宫女。她们也有许多太监来做侍仆和许多其他男女仆人。每当大可汗要和他四个妻子中的一个共睡时，他可以呼唤她来到他的寝室中。有的时候，他也亲自去到她的寝室中。

他也有许多妾。……在一个省里，住着鞑靼人的一族，叫弘吉剌部。这城也同样叫做弘吉剌。那里的人民，都是很美丽和洁白的。当他喜悦时候，大概每二年间，大可汗派遣专使来到这里，为他寻找些最美的处女。按照他所给的美妍标准，选取四百或五百美女，有时多些，有时少些。用他所要求的，这些呼唤全省（部）的处女来到。那里有鉴定人，是特别委派来做件事情的。依次一个一个的观察和考验她们，她们的头发，她们的脸貌，她们的眉眼，她们的嘴，她们的唇，和她们的四肢，并且审查所有全身各部是否有相当的比例。以后，他们估定一些是值十六加拉（当时欧洲的一种货币单位——引者），其他有十七、十八、二十，或多或少，全按照她们是最美或比较的次美为定。假若大可汗命令要那些值二十或二十一加拉的处女带到他的面前来，按照这价值所需要的人，必定如数送到。当她们来到他的面前时候，他叫另外的鉴定人再来估定一次。他在全数中选出三十或四十最高价的美女，放在自己的宫中。以后他送给所有达官的妻子这样的处女各一人，并叫她们和这处女睡在一张床上，要很小心的审查她们，是不是真正的处女，是不是在任何方面都是完全健康，或她们是不是能很安稳的睡眠，或有其他的鼾声，她们的呼吸是不是很好和温柔的，或有其他的不好，或她们是不是在哪一处有不好闻的气味。当她们经过这样细心的考查后，那些认为优美、善良和各方面都健全的，是派定去侍奉大汗。如上述方法（检测后），有六个那样的处女，留待在皇帝的寝室中三天三夜，伺候他床上睡觉，并代做他所要做的事情。大汗拿她们随意玩弄。在三天三夜的末尾，另外换六个处女进来。她们依次交换，每三天三夜变更一次，一直到所有的全换过了。以后，她们又开始重来。实在的，正当那六个处女入皇帝寝室留待时候，其余的全住在隔壁房中。假若大汗需要一些东西，如食物、饮料或其他别的东西，从外面拿进来，那在皇帝寝室中的处女告诉那些在隔壁屋中的处女预备齐全，那些处女就立刻的给预备好了。因此，皇帝除去这些处女以外，没有别人问候他。那些被估定低价者，和皇帝其余的妃女一同住在宫中，教她们如何去缝缀，和如何去织手套，及其他高尚的工作。如有一些贵族要寻找妻子，大汗就拿其中的一个处女赐给他，并陪给她许多嫁妆，这样子他把她们很荣耀的嫁出去了。

在特定的情况下，将选美、立后妃作为一种政治手段，元朝和历代王朝没什么不同，除前面所说的政治联姻之外，一些大臣献女于宫廷，作为强化权势的手段，所在多有，史不绝书。不过，在历代汉族王朝少见的是，元代曾经把纳功臣之女入宫，作为奖赏和提高其社会地位的特殊手段。《析津志·祠庙》记白云观内西北角有刘仲禄祠，是纪念刘仲禄（奉成吉思汗之命，远赴山东，联系道教全真派掌门人丘处机而有功于蒙古汗国）的专祠。忽必烈为奖赏刘仲禄之功，即将其女儿纳入宫中，后嫁与大臣又封为太夫人。其女儿为报父恩，建此专祠。《析津志》引赵孟𫖯延祐三年（1316 年）六月所撰碑记，述其始末颇详："（刘仲禄）有女曰弟，世祖时以婉容淑德选入后宫。世祖升遐，仁裕至皇后以嫁故平章政事张乙九思，封鲁国太夫人。夫人之言曰：'吾祖竭忠于国，受国厚恩。吾之所以至此者，皆吾祖之泽也。吾其敢忘之哉！'于是捐己赀，即白云观处顺堂之右，创建新祠，以祀公。岁时享祀，庶与真人之祠同为不朽。"

　　碑记中有两点需要说明。一是"仁裕至皇后"，《元史·后妃传》不载，文字或有脱误，一般不可有三字封号。碑记撰于仁宗延祐年间，则当为仁宗后；二是"张乙九思"，"乙"字当衍，为传抄、刻印之误。《元史》卷一六五有张九思传，至元十九年（1282 年），益都人王著乘忽必烈出巡上都之机，武装暴动，杀奸臣阿合马。时九思以工部尚书兼皇太子东宫都总管事，值宿宫中，命紧闭宫门并命侍卫军反击，事平，立功，极得信任，不断升迁，至元三十年（1293 年），晋升中书左丞，翌年十一月，再晋中书右丞（当时以右为上）。大德二年（1298 年），拜荣禄大夫、中书平章政事。其死在大德六年（1302年）故碑记中称"故平章政事"。太后命嫁刘仲禄之女时，张九思已经年迈，而且妻妾成群，早已过了婚嫁年龄。况且，公开将先朝宫妃下嫁当朝大臣属非常之举（这在汉族王朝是绝对不可能的）。所以，这完全没有婚嫁意义，而只是一种政治行为，即荣封刘仲禄之女，以酬报功臣，刘仲禄之女对此也是心知肚明，所以才为其父建专祠。碑记也并不回避这一点，说得明明白白。

这只是元代众多事例中的一个，说明后宫并没有真正意义上的婚姻可言，后妃不过是政治斗争的一种特殊工具，她们也往往成为政治斗争牺牲品。例如，元顺帝时，权臣伯颜公然逼迫作为皇后的政敌燕铁木儿之女饮毒自杀。在元代，被杀或被流放的后妃，有好几个。既然婚姻是政治，当然逃脱不了政治斗争的规律——你死我活。而处于深宫最底层的宫女——被挑选的大量美女，虽然一般来说不会卷进政治的狂风恶浪，但她们却失去自由，失去欢乐，在森严的高墙中煎熬着人生。

多民族宫妃：元朝每征服一个地方，都要俘获或者挑选一批美女进宫，所以后宫成为"民族园"，有许多民族的美女聚集其中。

按元朝制度，执掌后宫的皇后，都是蒙古族（顺帝高丽奇氏是例外），嫔妃中蒙古族也很多，这些人在后宫比起其他各族的人来说，高人一等。甚至可以骑马在宫中游玩。元人萨都剌有一首宫词写道：

> 骏马骄嘶懒着鞭，晚凉骑过御楼前。
>
> 宫娥不识中书令，借问谁家美少年。

　　这是写一个被选入宫中不久的蒙古族宫妃的娇憨之态。在后宫，只有蒙古族嫔妃可以骑马游玩。"骏马骄嘶懒着鞭"，是写宫妃的无聊娇懒。猛然间遇到皇太子（中书令为皇太子兼衔，代指皇太子），问是谁，刻画其初进宫的年轻天真（嫔妃没有不认识皇太子的）。这首诗反映了蒙古族嫔嫔在后宫以主人自居的精神状态。

　　如果按人数来说，元朝后宫最多的是高丽美女。当时高丽为元朝属国，有向元朝贡美女的制度。因而高丽美女充斥后宫。据《庚申外记》记述：元朝宫廷多蓄高丽美女，大臣有权者，辄以此女送之。京师达官贵人，必得高丽美女，然后为名家。高丽女婉媚善事人，至则多夺宠，自至正（元顺帝年号）以来，宫中给事使令，大半为高丽女。故四方衣冠靴帽大抵皆依高丽（样式）矣。宫中不仅高丽宫女多，而且高丽宦官亦多，因而形成了一股操纵后宫的势力。这种风气的形成，和顺帝二宫皇后高丽奇氏有很大关系。

奇氏家居鸭绿东，盛年才得位中宫。

翰林昨日新裁诏，三代蒙恩爵禄崇。

这是明朝朱有燉所写《元宫词一百首》中的一首，是写元顺帝二宫皇后奇氏的。据《元史·后妃传》奇氏"高丽人，生皇太子爱猷识理达腊。家微，用后贵三世皆追封王爵。"诗中所说"三代蒙恩爵禄崇"即指此。奇氏被立为二宫皇后之后，除重用高丽宫女和宦官，还大肆罗致高丽美女，赠送权贵大臣，作为密探，收集权臣活动情报，作为操纵朝政之密术。宫廷风气直接影响大都社会，上流社会将使用高丽女做为时尚和高贵身分的象征，标榜炫耀，《草木子》卷三记当时"北人（指蒙古贵族和大都一带高官显贵之家）女使必得高丽女，孩童、家僮必得黑厮，不如此，谓之不成仕官。"

由于高丽宫妃受宠，嫔妃们争穿高丽服装成为风气。张昱《宫中词》有诗写道：

宫衣新尚高丽样，方领过腰半臂裁。

连夜内家争借看，为曾著过御床来。

连宫女们都学高丽女走路和以头顶物的样子，张昱《辇下曲》有诗咏其事：

绯国宫人直女工，衮裯裁得内门中。
当番女伴能包袱，要学高丽顶入宫。

甚至连警卫皇宫的军兵，也争着学习高丽语，以图邀宠。张昱《辇下曲》也有一首咏其事：

玉德殿当清灏西，蹲龙碧瓦接榱题。
卫兵学得高丽语，连臂低歌井即梨。

由此可见，高丽嫔妃在后宫势力之大，政治上仅次于蒙古人。

后宫还有一批当时被动称为色目人的西域宫妃。鲜于枢有一首《退宫人引》是专写放出皇宫老年西域宫妃的，刻画其心里活动很细腻：

驼绒绢帽红颧颊，素发微连细纱结。
出宫嫁得海商妻，裙腰尚带河西摺。
少年十五二十时，中官教得行步齐。
春罗夜剪绣花帖，阶前夜舞高夔丽。
罢姬当前翠衿小，便觉中原美人少。
金莲斜抱捧珠龙，玉龙倒挂收香鸟。
年年宫中春日长，小车银瓮葡萄香。

香殿吹箫凤凰语，一日再宴诸侯王。

舞困楼兰过三十，内家别选娥眉入。

虽名退送半无家，旋卖珠环问亲戚。

一为商妇始自怜，十年不见西番船。

年多不记教坊曲，时时寻拨相思弦。


　　这首诗是写一个15岁被召入宫，年老被"退送"回家而无家可归，嫁作商人妇的西域宫妃的悲凉一生。从"裙腰尚带河西摺"一句来看，她是西夏人。柯绍忞《新元史》列传八《太宗诸子传》："合失生于太祖十年，嗜酒早卒。蒙古谓西夏曰'河西'。合失与河西音近，及卒，左右讳言河西，惟言唐古特云。"但从"驼绒绢帽红颧颊"和"舞困楼兰过三十"两名来看，又似乎是维吾尔人，总之，是当时被称为色目人的西域人。元朝后宫这样的宫妃也有不少。她们青春妙龄时被召入宫，学习宫中礼仪，"中官教得行步齐"，又学歌舞演奏侍宴承欢。年老被"退送回家"，了此一生。

　　后宫还有一大批江南佳丽，汉族宫妃。忽必烈灭南宋，将一大批南宋宫妃俘获至大都，之后，历朝皇帝都要选江南美女充实后宫。

　　被俘的一些南宋宫妃，不堪凌辱，以死明志。至元十三年（1276 年），忽必烈灭南宋后，将南宋宫妃押解至大都。有安康、安定二夫人不堪受辱，自尽。《人海诗区》卷二录其绝命词：

不免辱国，幸免辱身。
艺祖受命，立国以仁。
中兴南渡，踰三百春。
躬受宋禄，羞为北臣。
大难既至，所守一贞。
焚香设誓，代书诸神。
忠臣义士，期以自新。

其中，一些被迫成为元朝宫妃的人，也是心情压抑，苦闷终生。当时有位名为杨奂的诗人，以《录汴梁宫人语》为题，写了一组诗，借南宋宫人口吻，写出了悲苦心境：

北去迁沙漠，诚心畏从行。
不如当日死，头白苦为生。

其苦闷几乎到了痛不欲生的地步。即使一些被筛选入宫的汉人妃，在后宫地位也非常低下，倍受排挤打击，常怀故国之思。时人杨维桢有一首《宫辞》写道：

宫锦裁衣锡圣恩，朝来金榜揭天门。

老娥元是南州女，私喜南人擢状元。


## 空寂愁恨的宫女

在宽敞华丽、屋宇连云的皇宫，真正的男性只有一人，这就是皇帝。其他成千上万的，都是为他服务的两种人，一是太监，二是皇帝的妻妾和服侍她们的宫女，一大群年轻貌美的女性。这些人有多少？难以说清，唐朝诗人说"后宫佳丽三千"，实际上比这要多得多，《马可波罗游记》时说，忽必烈有四个妻子，都被他认为是正室，被称为皇后，他们每个人都有自己的宫室，每个宫至少也有三百美丽和娴雅的宫女。还有许多太监做侍仆，因此，每个皇后宫中都有一万多人。据此，宫廷要有几万人，其中多数为宫女。《元史》和其他元代文献没有这样的确记载，但陶宗仪《元氏掖庭记》说，元朝后妃侍从，各有定制：皇后280人，妃200人，嫔80人，这和《马可波罗行记》所说每个皇后有300左右宫女，大体相吻合。这样算来，四个皇后的侍从宫女就有一千多，还有许多难以准确统计的妃嫔与侍女，总数约略估计也在万人以上。所以，后宫的男女比例是一万比一。绝大多数的宫女，终生难得见上皇帝一面。日复一日年复一年地独守空房。这些处于青春期的年轻女性的痛苦可想而知。与世隔绝的空寂，人情的冷漠，强装笑颜的悲苦，使她们心中充满了痛苦与凄凉。《元氏掖庭记》载，元顺帝时，有一程氏宫女，曾在习风撩人的春夜，吹玉笛、吟诗词，倾吐心中悲苦与幽怨：

兰径香销玉辇踪，梨花不忍负春风。

绿窗深锁无人见，自碾朱砂养守宫。

牙床锦被绣芙蓉，金鸭香销宝帐重。

竹叶羊车来别院，何人空听景阳钟。

淡月轻寒透碧纱，窗屏睡梦听啼鸦。

春风不管愁深浅，日日开门扫落花。

春光欲去疾如梭，冷落长门苔藓多。

懒上妆台脂盖蠹，承恩难比雪儿歌。

这几首诗在古典诗歌中算是比较浅显的。只要了解其中几个典故，很容易弄懂。"自碾朱砂养守宫"，朱砂亦名辰砂，一种红色矿物质，半透明金刚光泽，守宫即壁虎。古人认为，以朱砂喂养壁虎，久而久之，壁虎通体变红，捣烂敷于妇女臂上，做为守贞的标记。在见不到男人的深宫，年轻的宫女还要"自碾朱砂养守宫"，是何等的凄苦与悲凉；"竹叶羊车来别院"，也是古代著名的一个宫廷典故。西晋第一个皇帝司马炎，奢侈荒淫。他灭吴、蜀以后，将两国的后妃、宫女万余人全部纳入宫中，供自己享用。由于人太多，这些女人争风吃醋。为减少麻烦，也向后妃们表示公平，他选了一只肥羊拉着一辆华丽的小车，在后宫漫游，羊车停在哪个后妃宫室，就在那里吃喝过夜。后妃们为争宠，纷纷在自己的宫室前插上竹叶、嫩草，并用盐汁洒地，以吸引羊车；"何人空听景阳钟"是借有唐诗典故（许多白发老年宫人被安置在景阳宫，百无聊赖的"闲坐谈玄宗"，闲话多年前的宫阁趣闻轶事），叙说宫女晚景的凄凉。

据《元氏掖庭记》说，元顺帝偶然听到程氏宫女吹笛吟诗的"音语咽塞，情极悲凉"，也感觉凄怆，说"深宫中有人愁恨如此，谁得而知"，扭曲的人性被触动，遂召幸了她。但成千上万的宫女难得这种幸遇，只能在悲凉凄惨中熬过一生。

揭傒斯《李宫人琵琶引》，写一个善长蒙古乐曲的汉族李姓宫人凄苦的一生：

> 茫茫青塚春风里，岁岁春风吹不起。
> 传得琵琶马上声，古今只有王与李。
> 李氏昔在至元中，少小辞家来入宫。
> 一见世皇称艺绝，珠歌翠舞忽如空。
> 君王岂为红颜惜？自是众人弹不得。

玉筯未举乐未停，一曲便觉千金值。

广寒殿里月流辉，太液池头花发时。

旧曲半存犹解谱，新声万变总相宜。

三十六年如一日，长得君王赐颜色。

形容渐改病相寻，独抱琵琶空叹息。

兴圣宫中爱更深，承恩始得遂归心。

时时尚被宫中召，强理琵琶弦上音。

琵琶调转声转涩，堂上慈亲还伫立。

回看旧赐满床头，落花飞絮春风急。

诗《序》中说："李宫人者，善琵琶。至元十九年（1282年），以良家子入宫得幸上比之王昭君。至大中，人事兴圣宫，比以足疾，乃得赐归侍母。"这也说明，元代经常以色技选汉族女子入宫。这些宫人年轻时以色技被筛选入宫，心中悲苦却要笑脸承欢。一旦年老色衰被逐出宫，无家可归，在穷愁潦倒中了此一生。这个李宫人在大都是很有名的，博得了很多人的同情，也有很多诗文记其遭遇。其中，袁桷《李宫人琵琶行》最为有名：

先皇金舆时驻跸，李氏琵琶称第一。

素指推却春风深，行云停空驻晴日。

居庸旧流水，浩浩汤汤乱人耳；

龙冈（在上都）古松声，寂寂历历不足听。

天鹅夜度孤雁响，露鹤月唳哀猿惊。

鹍绹水晶丝，龙柱珊瑚枝。

愿上千万寿，复言长相思。

广寒殿冷芙蕖秋，簇金雕袍香不留。

望瀛风翻浪波急，兴圣宫前敛容立。

花枝羞啼蝶旋舞，别调分明如欲语。

忆昔从驾三十年，宫壶法锦红茸毡。

驼峰马湩不知数，前部声催檀板传。

长乐昼浓云五色，侍宴那嫌头渐白？

禁柳慈乌飞复翻，为言反哺明当还。

朝进霞觞辞辇道，母子相对犹朱颜。

君不闻，出塞明妃恨难赎，请君换谱回乡曲。

诗写得凄婉动人，道出了老年宫女的内心悲苦，也反映了一般人对宫女的同情。

## 刀光血影的政权角斗场

皇宫是国家权力的核心所在，也是争夺最高统治权

**127**

的血腥战场。刀光剑影，一场场血肉横飞的骨肉相残；烛影斧声，留下来许许多多令人毛骨悚然的千古之谜。元大都皇宫，在华美的宫殿，宴乐狂笑的掩饰下，政治的狂风恶浪汹涌澎湃，骨肉相残的真杀实打活剧一幕刚落，一幕又起。每次皇位交替，必然是场血腥的残酷斗争。这也是元朝历史的一个特点。

大都皇宫就是元世祖忽必烈与诸王武装争夺汗位中建立的。忽必烈的父亲拖雷，是蒙元帝国的开创者和奠基者成吉思汗正妻孛儿台所生之第四子。按照蒙古习俗，幼子继承父业，年长诸子则析居外出，自谋生计。故成吉思汗生前将诸子分封出去，将拖雷留在身边。成吉思汗死去，拖雷继承了父亲的军队和事业，任监国。1229 年，按照传统的忽里台大会推举大汗，拖雷的同母哥哥窝阔台继成吉思汗成为蒙古汗国第二任大汗。1232 年初，拖雷在征金途中病死，年仅 40 多岁。拖雷的正妻唆鲁禾贴尼聪明能干，在拖雷死后，抚育亲生的蒙哥、忽必烈、旭烈兀、阿里不哥四个儿子，周旋折冲于诸王矛盾斗争之间，为蒙哥夺得汗位奠定了基础。窝阔台死后，他的儿子贵由短暂执政后死去，诸王为汗位继承发生争执。一些实力雄厚的宗王，以召集传统的忽里台大会的方式，推举蒙哥为第四代大汗。

1258 年，蒙哥率军伐宋，第二年病死途中。当时，

元太祖皇帝

即青吉思汗諱特穆津在位二十二年父曰伊蘇

克伊是為烈祖皇帝起宋寧宗開禧二年丙寅金

章宗泰和六年終宋理宗寶慶二年丁亥金哀宗

正大四年

**129**

图7　元太祖半身像
（中国台北故宫博物院藏）

随蒙哥南征、兵临鄂州的忽必烈，闻讯留守漠北的阿里不哥正在调动军队谋求大汗之位，遂立即与宋讲和，挥师北上，迅速回到经营多年的根据地开平（即后来的元上都），于1260年三月，也以忽里台大会的方式，宣布继承位汗，并依照历代汉族王朝体制建元中统。这时，留居漠北的阿里不哥，也在一些宗王拥戴下，即大汗位于和林。双方各不相让，兵戎相见。数年战场拼杀，多少生灵化白骨。阿里不哥势竭力穷，决定向忽必烈投降。至元元年（1264年），忽必烈闻知此事，心中大喜，命令为阿里不哥所部预备粮草，并命各宗王和一些汉军万户，于夏天赶赴开平忽里台大会。七月底，阿里不哥率部抵达开平，在忽里台大会上，阿里不哥按照传统仪式向忽必烈请罪。忽必烈命人拘捕处死了阿里不哥属下十名大臣，以应诸王之请的方式，赦免了阿里不哥。就这样，造成许多生灵涂炭的五年汗位之争，以忽必烈的胜利宣告结束。

之后不久，忽必烈决定在燕京另建都城。按他与群臣和众谋士的说法，是为了统治广大的汉族地区当行"汉法"。其实，在他内心深处还有一个不便对人言说的秘密，就是远离宗王势力深厚的根基之地——蒙古地区，在汉族地区建立政权根据地，有利于避免宗王争权斗争，因为这些宗王在汉族地区没有相应的社会基础，以及可以依靠的政治、军事力量。所以，从这个角度来说，大都皇宫是政治斗争的产物。它存在的每一天，都离不开（也不可能脱离）残酷的政治斗争。

大都皇宫建成之后，成了与西北叛王海都作战的指挥中心。海都（1235？—1301），窝阔台之孙。蒙哥即大汗位之后，窝阔台系失势，海都被分迁于海押立（今哈萨克斯坦境内）。阿里不哥与忽必烈争夺汗位，海都积极支持阿里不哥。阿里不哥败降后，海都以大汗位当属窝阔台后裔为号召，拒绝忽必烈号令，纠集部众，密结窝阔台系诸王，自谋立为大汗，成为西北叛王的领袖。忽必烈用尽了软硬兼施手段，一方面按年赏赐银两币帛、给予封邑，一方面又派重兵镇守西北，不时征讨。海都软硬不吃，还多次遣使责问忽必烈："本朝旧俗与汉法异，今留汗地，建都邑城郭，仪文制度，遵用汉法其故何如？"就是说，把建造大都作为问罪忽必烈的理由，因为这在蒙古诸王中，是很有政治号召力的。这当然使住在大都皇宫的忽必烈寝不安席，食不知味，不得不耗尽心血，抽调大批军队，耗尽大量人力、物力与之作战，但直到他死去，仍没有解决问题。万里之外的海都，就像一个幽灵，搅得大都皇宫长期不安宁。继忽必烈当政的成宗铁穆耳为此还多次在皇宫烧香拜佛，请喇嘛僧作法事，祈求护国神玛哈噶剌大显神威，打败海都。直到大德五年（1301年），海都因作战受伤病死，这个搅得大都皇宫政治风浪迭起的幽灵才算消失。

至元三十一年（1294年）正月，忽必烈病死于他营建的大都皇宫。哀声中隐含争夺皇位的风雷。已故皇太子真金的长妻阔阔真立即监管朝政，紧紧把握了让儿子接替皇位的关键。她的长子甘麻剌镇守和林，受封晋王，三子铁穆耳也领兵在外，于前一年六月从忽必烈手中接过了皇太子印信。两者都具备继承皇位的条件，而且实力相当，但皇位只有一个，如双方志在必得，就会出现手足相残的局面。阔阔真是个聪明女人，久在宫廷，也看到、学到了一些政治权术。她属意于铁穆耳，但又怕甘麻剌和支持他的宗王不服，激起祸乱。因此，她决定避开传授方式，利用传统的忽里台大会决定，以免引火烧身，因而决定离开大都到上都。同时，为引导事态朝自己设定的方向发展，所以，她与南必皇后（忽必烈正妻察必皇后死后，立其妹南必为皇后）、铁穆耳之正妻卡鲁罕，先期到达，其意在暗中作些安排。忽必烈时的旧臣，察知女掌权人阔阔真心意，而且忽必烈生前已颁授皇太子印信（立储君），因而都属意于铁穆耳。而朝外的宗王都属意于甘麻剌。双方各不相让。阔阔真与谋臣决定用背诵祖宗遗训的方式决定，其理由光明正大，而双方又不失体面。甘麻剌口吃，自然甘拜下风，这正中阔阔真下怀。忽里台大会顺水推舟地推举铁穆耳为皇帝（元成宗）。一场在大都皇宫酝酿已久的政治狂风恶浪，就这样被一个聪明女人的小小权谋化解了。

但是，成宗铁穆耳之死，则引发了大都皇宫里的一场残杀。铁穆耳在皇位仅仅坐了十年，就于大德十一年（1307年）正月，死于大都皇宫，因为他的儿子德寿早已夭亡，争夺皇位的宫中大战立即拉开。非真金家系的安西王阿难答和中书左丞相阿忽台密谋成宗皇后卡鲁罕临朝称制，继而由阿难答继承皇位。但是，中书右丞哈剌哈孙等一帮旧臣坚决反对，同时与真金家系联手展开反击。当时，铁穆耳哥哥答剌麻八剌的儿子海山率大军出镇西北，海山的弟弟爱育黎拔力八达和母亲答已，闻讯则迅速从驻地怀州赶回大都，与哈剌哈孙等人合谋，于三月间，以迅雷不及掩耳之势逮捕阿难答，处死了阿忽台等人，这是成宗死后，争夺皇位的第一次流血。群臣见此情景，一致拥戴爱育黎拔力八达继皇位。答已亦有此意，只是害怕统兵在外的海山反对。于是派出使者作说服。但海山坚持自己作为兄长，且镇边有功，理应继承皇位，同时，率精兵三万向上都挺进。答已和爱育黎拔力八达闻讯，自知力不能敌，立刻改变主意，率侍从迅速北上，到上都与海山会合，举行传统的忽里台大会，拥立海山为帝，号武宗。同时，作为政治交换条件，武宗立弟爱育黎拔力八达为皇太子（这是蒙汉政治文化结合的产物，意为储君，并非一定是皇帝之子），确定兄终弟及为皇位继承人。同时，废黜卡鲁罕皇后，处死了阿难答等人，以他们的鲜血为这次皇位之争划上了句号。

但是，宫廷的惊涛骇浪永远不会停息。仅过了十余年，就发生了历史上著名的宫廷大血案——南坡之变。

武宗海山仅当了三年多皇帝，于至大四年（1311年）正月就病死了。按约定，其弟爱育黎拔力八达继位，是为仁宗。他崇尚儒学，对武宗实行的一些弊政，进行了整顿，触犯了一些世袭贵族的利益，矛盾日趋尖锐。按照武宗海山登皇位时所定，死后由兄弟继位，而兄弟死后，要将皇位传给侄子（即武宗之子）。仁宗登上皇位之后，在母后答己支持下，改变了这个约定，将武宗之子和世㻋封为周王，出镇云南，封自己的儿子硕德八剌为皇太子。和世㻋在奉旨出镇途中，与一些宗王联合，举兵反叛，被击败，只得远去阿尔泰山以西，依察哈台系诸后王而居。

但是，大都皇宫并没有因此而安定。更大的狂风恶浪在无声地酝酿。在仁宗整顿弊政中利益受损的一些亲贵权臣，聚集在皇太后答己周围，利用她强烈的政治权欲为掩护，形成了一个以中书右丞铁木迭儿为首的政治利益集团，图谋不轨。仁宗下令逮问，但在皇太后的干预下，铁木迭儿仅罢相，但不到一年，又起复为太子太师。延祐七年（1320年）正月，酗酒无度的仁宗英年遽逝。皇太后答己利用皇太子硕德八剌未正位之机，复铁木迭儿中书右丞相，他广结党羽分据要津，铲除异己。朝中一片惊慌。三月，皇太子硕德八剌在大都皇宫即皇帝位，是为英宗，尊答己为皇太后。英宗上台，立即以果敢刚毅的手段进行重大人事调整，起用建国创业勋臣木华黎后人拜住为中书左丞相，牵制铁木迭儿，又对铁木迭儿党羽或调或降。一些政治利益受损的权臣密谋发动政变，废掉英宗。英宗获悉，密商拜住，采取果断措施。将图谋废立的权臣全部擒斩。皇太后答己和铁木迭儿忧愤成疾，第二年先后死去。但铁木迭儿党羽在朝中势力仍然很大。例如，他的义子铁失以御史大夫兼领忠翊侍卫亲军都指挥使及左右卫阿速卫军（元朝没有以大臣兼领禁卫军先例。英宗这样的安排是严重的政治失误，为自己的被杀种下了祸根）。

至治三年（1323年）五月，英宗进一步追究已经死去的铁木迭儿的罪恶，追夺其官爵和所封赠敕书。铁木迭儿余党人人自危，铁失等密谋铤而走险。于当年八月四日，英宗出巡上都返回大都途中，驻跸南坡（今内蒙古正蓝旗东北），铁失率所部禁卫军与一些侍卫大臣乘夜政变，杀死了英宗和拜住。

实际上，这次宫廷政变的幕后主谋是晋王也孙铁木儿，他是晋王甘麻剌（忽必烈所立皇太子真金的长子）长子，袭封晋王，出镇漠北。他身在漠北，却心系大都，收买、指使王府内史倒剌沙，侦探宫廷动态。倒剌沙将自己的儿子哈散安排进入中书右丞拜住府邸，并取得信任，随时探听朝廷动向，同时暗中与铁失秘密勾结。南坡事变前二三个月，密使已向晋王报告，朝廷削弱宗王权力，将对晋王有所不利。实际上是向他通报将有重大行动，要他作好相应准备。事前，铁失派出密使再到漠北，向他报告："机谋已定。事成，将拥立晋王为皇帝。"弑杀成功后，铁失一伙立即派知枢密院事，也先、铁木儿等便捧玉玺急奔漠北。九月，也孙铁木儿在漠北行在所宣布即皇帝位，是为泰定帝。世间的任何阴谋，日久必定会败露的。晋王与铁失等密谋的南坡之变，后为朝野尽知。五六年之后，文宗在其即位诏书里，特别向天下宣示了此事："至于晋邸（即也孙铁术儿，后来的泰定帝），具有盟书，愿守藩服，而与贼臣铁失、也先铁木儿等潜通阴谋，冒干宝位，使英宗不幸罹于大故。"（《元史·文宗本纪一》）一般的即位诏书都是堂而皇之无实际内容的官样文章，更不会自揭家丑，文宗采取这种非常举措，除打击政敌的需要之外，更是因为当时关于南坡之变的舆论汹汹，已搅得朝野不安。

臣子弑君在封建社会是诛灭九族的滔天大罪，会受到社会舆论的强烈谴责，所以南坡之变之后，严惩"弑逆"的声浪不断。泰定帝入主大都宫廷后，也被这种声浪搅得寝食难安。为逃脱罪责，把大都皇宫变成杀场，将铁失、也先铁木儿等一批"弑君"主谋全部处死，其余一些参与者，或罪或降或调，或发配边远充军。以平息舆论，掩饰自己。然倒剌沙则以藩邸旧臣，擢升中书左丞相。一批对新朝有用的附从者，则保留下来，仍居要职。

仅过了不到五年皇帝瘾的泰定帝，于致和元年（1328年）七月病死于上都。九月，倒剌沙和一班权臣立九岁的皇太子阿速吉八为帝，建元"天顺"。与此同时，一场旨在颠倒乾坤的政治图谋正在大都暗中筹划。这预示着，为争夺皇帝宝座的两大都大战即将展开。

在大都主持密谋的是钦察人燕铁木儿。他的祖父和父亲屡建奇功，官高爵显。燕铁木儿侍卫武宗十余年，很得宠信。泰定帝时官至金枢密院事，泰定帝出巡上都期间，他作为职掌军政的枢密院的留守官员，手握调动军队权。得知泰定帝病重的消息，燕铁木儿秘密联合一批对泰定帝统治集团不满的大臣，伺机发动宫廷政变。由于仁宗、英宗均无后裔在世，所以决定立武宗后人夺取皇位。

但当时武宗的两个儿子都不在大都：长子和世瑓（明宗）被仁宗封周王，派往云南，中途兵变失败，投靠西北诸王；次子图睦帖木儿在英宗朝被流放海南琼州。泰定帝时，召回图睦帖木儿，封为怀王，令其出居建康（今南京市）。

得知泰定帝病死的准确消息，经过周密策划后，燕铁木尔于八月与同党，召集百官在皇宫内的兴圣宫议事，手持兵刃，发号施令说：（现在帝位空缺），应该请武宗皇帝两子继承皇位，敢有不顺从者，格杀勿论！并下令立即逮捕中书平章政事兀伯都剌等一批留守要员。自己则与西安王阿剌忒纳失里住在皇宫，坚守内廷府库、符印等，召百官入宫听命。同时任命一批官员占据要津，调动军队守京师、严关卡。他的弟弟撒敦，儿子唐其势也从上都潜回，帮助燕铁木儿调动军队，在两都之间布防，更重要的是派使者率一支人马急速南驰，迎接图睦帖木儿迅速回大都。八月二十七日，图睦帖木儿连夜赶回大都，九月十三日即皇帝位，改元天历，是为文宗。

这时，上都也在严密布阵，在立幼主阿速吉八的同时，辽王脱脱、左丞相倒剌沙等率部分军队留守上都，一度攻克居庸关、古北口，紫荆关等大都门户。燕铁木儿亲自督阵死守。十月十三日，齐王月鲁帖木儿会同燕铁木儿族人、东路蒙古军元帅不花贴木儿率军队从辽东直袭上都，倒刺沙等人奉皇帝玉玺出降，被送往大都，成为刀下之鬼。在大都方向作战的上都军队，很快瓦解，两都战争停下来。

但是，作为权力斗争中心的皇宫，并不因为两都战争结束而风平浪静，一个更为凶险的政治阴谋又在秘密筹划之中。

两都战争期间，拥兵坐镇漠北的和世㻋按兵不动，坐观事态发展。局势稳定之后，文宗主动遣使北上，请和世㻋南下即帝位。和世㻋便于第二年正月在和林召开忽里台大会，宣布即皇帝位，是为明宗。图睦帖木儿则在大都宣布退位，并遣使护送大量金银币帛往和林供和世㻋赏赐群臣。和世㻋满心欢喜，于三月初从和林出发，准备前往上都召开传统的忽里台大会。这边，燕铁木儿则于三月捧玉玺离开大都，往迎和世㻋。五月，图睦帖木儿也从大都出发，前往上都，一切似乎顺理成章按步就班进行。八月一日，和世㻋抵达旺兀察都驻跸。次日，图睦帖木儿来会。照例举行盛大宴会，六日，和世㻋无疾"暴卒"。当然，人人心里明白，这是图睦帖木儿和燕铁木儿在大都就早已设计好的密谋。随后，图睦帖木儿在燕铁木儿的严密护卫下驰赴上都，于八月十五日在大安阁隆重复位。至此，大都的政治密谋终于大白天下，传播于朝野。当时有位著名诗人萨都剌写了一首题为《纪事》的诗，专记其事：

当年铁马游沙漠，万里归来会二龙。

周氏君臣空守信，汉家兄弟不相容。

只知奉玺传三让，岂料游魂隔九重。

天上武皇亦洒泪，世间骨肉可相逢。


在封建社会，敢于抨击时政，特别是揭露当朝宫廷政治阴谋的诗是很罕见的，也就显得弥足珍贵。所以，本诗收录于《元诗纪事》卷十五时，编者在注中特别引《归田诗话》对其意旨做了说明："惟纪事一首，直言时事不讳。云云。盖泰定帝崩于上都，文宗自江陵入据大都，而兄周王远在沙漠，乃权摄位而遣使迎之，下诏四方云：'谨俟大兄之至，以遂固让之心。'及周王至，迎见于上都欢宴，一夕暴卒。复下诏曰：'夫何相见之顷，宫车弗驾。'加谥明宗。文宗遂即真。皆武宗子也，故末句云然。"

或许是人性复归，良心发现，也许是人之将死，其言也善，至顺三年（1332 年）八月，文宗病死于上都，临终前留下遗言，将皇位传给长兄和世㻋之子，以赎罪恶："昔者晃忽叉（即旺兀察都）之事，为朕平生大错。朕尝中夜思之，悔之无及。燕帖古思虽为朕子，朕固爱之；然今日大位，乃明宗之大位也。汝辈如爱朕，愿召明宗子妥欢帖木儿来，使登大位。如是，朕虽见明宗于地下，可以有所措词而塞责耳。"但是，把持朝政的燕铁木儿自知毒杀和世㻋阴谋早已为人知，"恐妥欢贴木儿至而治其罪，姑秘文宗遗诏，屏而不发。"但是，帝位又不能久悬，燕铁木儿采取变通之计，于十月立年仅七岁的明宗次子懿璘质班为帝，以便继续把持朝政，但这个小皇帝即位仅月余，便一命归无。万般无奈，燕铁木儿才将妥欢帖睦尔接到大都，但迟迟不让其正位。第二年，即至顺四年（1333年）春，燕铁木儿病死。六月八日，妥欢帖睦尔才在上都正式即位，他就是元朝最后一个皇帝顺帝。

妥欢帖睦尔能登上皇帝宝座，当然是险恶政治斗争中的幸运儿。他生在残酷的政治斗争中，又在政治狂风恶浪中成长，能够当上皇帝带有很大的偶然性。他的出生就带有很大的传奇性。《元史·顺帝纪一》对此就写得含含糊糊，闪烁其词："母罕禄鲁氏，名迈来迪，郡王阿尔厮兰之裔孙也。初，太祖取西北诸国，阿尔厮兰率其众来降，乃封为郡王，傅领其部族。及明宗（和世㻋）北狩，过其地，纳罕禄鲁氏。延祐七年四月丙寅，生帝于北方。"写人物传记，一般只写父、祖，此处隐去不写，是因为实在搞不清楚，只好写成什么郡王裔孙，是古人惯用的拉名人作祖先的狡猾之笔，事出有因，查无实据。正是因为如此，后妃传写得极为简单，不像其他人那样写明家庭出身和某人之女，只是一二句《元史·后妃传一》："明宗贞裕徽圣皇后，名迈来迪，生顺帝而崩。文宗立，谥贞裕徽圣皇后。"即使仅这么一二句，也存在错误，可见是不得不而为之的敷衍之笔。中华书局点校本在注中，引用赵翼《二十二史考异》指出："案《顺帝纪》，至元二年二月追尊帝生母曰'贞裕徽圣皇后'，此传以为文宗时谥者，误也。文宗方诏谕中外，谓顺帝非明宗子，肯尊其生母为后，且加美谥乎？"这个意见是对的，既在情理之中，也符合历史事实。

在封建社会，皇帝的生母是国家大事，其他事情有可能混乱，此事绝不可能混乱，但偏偏元顺帝的生母变得扑朔迷离，肯定隐藏着什么秘密。进一步求索，就会发现，这其实和他的亲生父亲是谁有关。这个本来不应该成为问题的问题，却偏偏出在一个有可能成为皇帝的人身上，就变成了一个重大政治问题。也将他本人置于险恶的政治风口浪尖上。其根源是，作为父亲的明宗（和世㻋）生前亲口否认他是亲生子，而且载入正史，并非传闻，妥欢帖睦尔，也因此吃尽了苦头。《元史·顺帝本纪一》记载，文宗图睦帖木儿和燕铁木儿合谋，令其亲兄明宗（和世㻋）"暴卒"，重新夺回皇帝宝位之后，在"至顺元年（1331年）四月辛丑，明宗后八不沙被馋遇害，遂徙帝（妥欢帖睦尔）于高丽，使居大青岛中，又与人接。阅一载，复诏天下，言明宗在朔漠之时，素谓非其己子，移于广西之静江。"这里把问题说得很明白，文宗为巩固夺得的最高权力，害死亲兄明宗（和世㻋）之后，再将他的正妻除掉，同时，把有可能争夺皇位的亲侄妥欢帖睦尔软禁在高丽，切断其与世间一切来往。后来又公开引用其父新的说法，宣布他并非明宗亲生子（是否亲生，当然父亲的说法最为权威），从此从政治上剥夺他争夺皇位的资本和权力，再将其流放到广西。

这件事，在妥欢帖睦尔登上皇位前后，已传得纷纷扬扬，朝野尽知。传闻大体是一致的，说他是被元朝掳至大都的宋幼主、被封为瀛国公的赵显亲生子。忽必烈为消除南宋汉人复辟幻想，将一位公主嫁给这位成为囚徒的南宋小皇帝之后，再把他发配到西藏当喇嘛。数年之后，又将他幽禁于甘州（今甘肃张掖市）大佛寺，有一位回回（当时包括维吾尔族在内的信仰伊斯兰教的各民族，统称"回回"）女侍奉左右，生一子。恰好因兵叛失败投靠西北诸王的和世㻋，正因为没有儿子而烦恼（在当时的政治斗争中，儿子是一种政治资本），见到这个小男孩，大喜过望，立即收为养子。数年后，他有了自己的亲生儿子，所以才偶尔向人说出养子并非亲生（意在保护亲生儿子的权益）。综合各种史料综合分析，这并非都是传闻，而是有一定的史实根据，例如，《元史》所说妥欢帖睦尔母亲的名字迈来迪，就是维吾人常用的名字，而非蒙古人名字。此事曾在历史上广为流传，也有不少文献记载。清人编《元诗纪事》卷一有关顺帝条目下，引用专记顺帝朝事的著名史料笔记《庚申外史》，说："瀛国公初为僧，居白塔寺中。已而奉诏居甘州山寺。有赵王者，嬉游至寺，怜其老且孤，留一回回女子与之。延祐七年四月十六夜生一子，明宗（和世㻋）适自北方来，早行见寺上有龙文五采气，即物色得之，因求为子，并载其母以归。"同时，又引证明代《菽园杂记》中所收录的明初人所写的一首长诗："《菽园亲记》：'皇宋第十六飞龙，元朝降封瀛国公。元君召公尚公主，时承锡宴明光宫。酒醒伸手扒金柱，化为龙爪惊天容。元君含笑语群臣，凤雏宁与凡禽同！侍臣献谋将见除，公主泣泪沾酥胸。幸脱虎口走方外，易名合尊沙漠中。是时明宗在沙漠，缔交合尊情颇浓。合尊之妻夜生子，明宗隔帐闻笙铺。乞归行宫养为嗣，皇考崩时年甫童。元君降诏移南海，五年乃归居九重。忆昔宋祖受周禅，仁义绰有三代风。至今见儿主沙漠，吁嗟赵氏何其隆！'此诗为闽人俞应所作。'至今儿孙'句，言元君避归沙漠后事。"

当然，这其中难免夹杂着汉族仇视蒙元政权的民族情绪，其中多少是史实，多少是传闻，尚待进一步考证。但它折射了历史真实的一面：元朝宫廷斗争的诡谲和险恶。

妥欢帖睦尔当上皇帝之后。宫廷斗争更加激烈。燕铁木儿虽死，但其家族势力依然权倾朝廷。他的儿子唐其势为太平王，进阶金紫光禄大夫；燕铁木儿的弟弟撒敦为太傅、左丞相，封荣王；撒敦的弟弟知枢院事，进阶金紫光禄大夫。燕铁木儿的女儿伯牙吾氏为皇后。所以唐其势敢于公开宣称"天下，本我家之天下也"。为防不测，顺帝接受谋臣建议，重用护驾有功的伯颜，封为太师、右丞相，以与燕铁木儿家族相抗衡。唐其势图谋发动宫廷政变，废帝另立，遂于后至元元年（1335年）六月三十日乘顺帝出巡上都之机，"伏兵东郊，身率勇士突入宫阙"，老谋深算的伯颜早有准备，立即组织反击，很快将唐其势及其一伙击毙。同时，立即将伯牙吾氏皇后捉拿，命其服毒，史书记载："后兄御史大夫唐其势以谋逆诛，弟塔剌海走匿后宫，后以衣蔽之，

因迁后出宫，丞相伯颜鸩后于开平（上都）民舍。"《元史·后妃传一》）

燕铁木儿家族势力铲除后，伯颜一人把持朝政，卖官鬻爵，结党营私，打击异己，聚敛巨财，势焰熏灼，权倾天下，顺帝感到严重不安，于是提拔一批新贵，伺机除掉伯颜。后至元六年（1340年）二月，乘伯颜外出打猎之机，宣布其罪，罢职，逮捕，发配到江南炎热荒蛮地区（中途病死）。

从至元四年（1267年）忽必烈开始营建大都，皇宫一直是阴谋、腥风血雨、刀光血影的政治角逐场。直到至正二十八年（1368年），明军一把火将它化为灰烬，大都宫廷才算彻底安静下来。

但是，宫廷夺权斗争依然暗涛汹涌，伯牙吾氏被伯颜毒杀后，顺帝立高丽奇氏为二宫皇宫。奇氏很有政治头脑，也有政治野心。她会利用各种手段为自己树立形象。例如，命人检阅史书，收集"历代皇后之有贤行者为法"；凡有进贡方物和珍味，先派人献太庙（敬祖），然后食用；京师大饥，命官放粥；又出资命于大都十一城门处置义冢，葬死者遗骸十余万，复命僧建水陆大会度之。但，这不过是她为夺取最高权力的造势，其目的是，迫顺帝内禅，儿子当皇帝，自己监国。《元史·后妃传》说："时帝颇怠于政治，后与皇太子爱猷识理达腊遽谋内禅。"因而密布党羽，结纳重臣。顺帝察知其意，但知其党羽已成，也无可奈何，只是"怒而疏之，两月不见"。奇氏并不知收敛，反而更加张狂。她的家族在高丽仗势横行，被高丽王抄杀。奇氏为报家仇，唆使太子调兵一万攻打高丽，结果刚过鸭绿江就中了伏兵，惨败。《元史·后妃传》将其做为一件大事做记载："初，奇氏之族在高丽者。怙势骄横，高丽王怒，尽杀之。二十三年，后谓皇太子曰：'汝何不为我复仇耶？'遂立高丽王族人留京师者为王，以奇氏三宝奴为元子。遣同知枢密院事崔贴木儿为丞相，用兵一万，并招倭兵往纳之。过鸭绿水，伏兵四起，乃大败，余十七骑而还，后大惭。"

奇氏与太子结党擅权，很多能干之臣被杀或被逐或被冷落，朝政日非。顺帝则荒淫游乐，不理政务，最后只能是江山易主，败逃漠北。大都皇宫的政治狂风恶浪，随着皇宫的毁废，才算最终平息下来。

第二章

大都芸芸众生相

元人郑思肖《心史》记载，元朝根据人们职业和社会分工不同，分为十种，分类管理："鞑法：一官、二吏、三僧、四道、五医、六工、七猎、八民、九儒、十丐，各有所统辖。僧为僧官统僧，道士为道官统道士。"有的人认为，这种分类是将人划分为十个等级，特别是将儒、丐置于最末，是对儒生（知识分子）的歧视。这不完全符合历史事实。例如，元人谢枋得说："滑稽之雄，以儒为戏者曰：'我大元典制，人有十等：一官二吏，先之者贵之也，七匠八娼，九儒十丐，后之者贱之也。吾人品岂在娼之下丐之上乎'"他认为这只是戏弄儒者的玩笑话，而且缺三至六，又把娼列于儒者之上，显然有儒者自嘲之意。《心史》成书于至元二十年（1283 年），最早记述十种人之说，而且比较齐全，应以为准。虽然未见法律规定，但在当时流行较广。虽然不能完全排除其中的社会等级含意，但主要还是说明社会管理，即"各有所辖"（当时，僧人特别是喇嘛僧的社会地位大大高于"吏"，却列于吏之后也可以说明其并非完全是以高低贵贱为序）。对于它的确切社会政治含义，有待于史学的深入研究。笔者认为，《心史》成书于至元二十年（1283年），很多内容是关于大都的。其所说十种人，是元初大都城皇宫外的主要居民。

## 一官二吏　三僧四道　五医六工　七猎八民 九儒十丐

### 官

这是掌握国家机器运转、直接服务于皇帝的特殊群体。由于大都是中央政权所在地，除了地方的行政管理机构外，还有中央各机构，所以官僚这个特殊群体，特别庞大。对于"官"，元朝有明确的规定，即官分九品，每品正、从两级，共九品十八级。除此之外的人都不能称为"官"（有虚衔品级而无实职，一般也称为吏）。

官居住的当然是高宅大院，按官职大小、品级高低各有不同。门首各有标志，有的还用木牌说明。《析津志·风俗》有记载："在京衙门，驺卒各有等第。省官织绣团花，校尉、枢密院同御史台，以青字木牌。省部银字木牌。大都府皂团领布衫，锡朱字牌。首领者辫发方詹帽。"而且门前都有对石狮或铁狮子，以显示威严："都中显宦税硕之家，解库门首，多以生铁铸狮子。左右门外连座，或以白石凿成，亦如上放顿。若公府月台上，两南角亦如上制。"（这个风俗直到清朝、民国都很盛行）；门首都有看门人负责守护和传达："西宫后北街，系内家公廨　率是中贵人居止。每家有阁人，非老即小，自朝至暮司职，就收过马之遗（马粪）。"

高官们居豪宅，衣锦绣，出行高车骏马，宴则山珍海味。历代都是如此，其奢侈不难想象。当时也是高官的马祖常，有《拟古》诗，写高官的日常生活和一人得道，鸡犬升天：

> 长安青云士，任侠日娱游。
> 千金为人寿，万金买名讴。
> 小舅拜郎官，友婿恩泽侯。
> 出入意气盛，欢乐不知忧。
> 银桦荐海品，羊酪乞苍头。
> 生逢承平世，死葬昆仑丘。

平时则邀功请赏，狼狈为奸，马祖常写过一篇类似现代时评的短文《论百官请赏》作了揭露，期望朝廷能稍加遏制，只不过是狂风巨浪中的一声叹息："比见随朝见任请俸官员，不思廉慎，奉扬乃职，或求妇嫁女，或市宅营私，往往交为恳奏财物，私相卖恩，实蠹公帑。夫宠赏赐赍，下及臣庶，国之所以鼓舞激厉天下之具。而为人臣者蒙受恩泽之时，又当戒盈畏溢，固让力辞；必不允请，然后敢受。岂容敢渎亵天听，乞请财物者哉！况见任官员，自有俸给禄廪之厚，品职封荫之荣，至如一钱一米，拟合为官惜费，而乃上虚府库，自肥其家。其于忠孝廉耻，胥失之矣。今后如蒙宪台明白闻奏，禁约见任请俸官员，不得交相恳奏财物，仍令监察御史纠弹，庶几赏及有功，贪人知惧。卑职愚诚，不避谤怨，惟图报称，少禅治明。"

## 吏

即官府胥吏和衙役等。当时，大都城里有许多官署衙门，但主管官都是蒙古人和色目人，他们大多都是带兵出身，不熟悉公事，不懂汉文公文，因此都要雇用一批汉人办理公务，如师爷之类。每个衙门都有一大批胥吏和各种侍从人员，在大都城的人口中占有很大的比重，形成一个数量很大的社会阶层。元朝对吏这个阶层也非常重视，心中防备，但又不得不用。因此，对吏的铨选、考核、奖惩，任职等都作了详细具体的规定，并以行政法的形式法定下来。这在《元史·选举志》有着明确记述。这些人上承主宫之命，对民众则代表官府，对上唯唯诺诺，对下则横眉怒目。各衙门的这些人实际上成为衙署主体。他们虽然看上司脸色行事，但对百姓则有一种优越感。《草木子》卷四记一个叫李仲修的人，老年得荐于朝选，成为五品京官（虚衔）授为应天府治中阶奉议大夫，赴任前曾做诗一首：

五品京官亦美哉，腰间银带象牙牌。

有时街上骑驴过，人道游春去不回。

这虚衔五品，只是一种名义，不是实际意义上的官，只是幕僚，即胥吏。不能骑马坐轿而是骑驴，但生活无忧，自有一种优越感。这首诗很能反映一般胥吏的生活和心态。

《草木子》卷四还记录了一个老年廉访使去外地的求仙诗（节录）：

刀笔相从四十年，非非是是万千千。

一家富贵千家怨，半世功名百世愆。

这是借仙诗讥讽刀笔吏，即师爷之类。他们的"一家富贵"的背后，是多少冤假错案，家破人亡啊。

### 僧

大都城内的僧人很多，成为一个特殊的社会阶层。这些僧人大体可分为两种，一是汉族和尚，二是藏传佛教的喇嘛僧。元朝在夺天下、得天下的漫长历史过程中，很重视汉族地区佛教的社会力量。汉族地区佛教宗派很多，其中与元朝关系最密切、最受元朝重视的是在中原地区势力很大的临济宗。成吉思汗和青年时期的忽必烈，都与住锡于燕京大庆寿寺的临济宗高僧海云长老过从甚密，并向其询问治理天下的道理。海云长老圆寂后，其徒子徒孙们在大都依然势力很大，其他各派难与相比。

忽必烈当皇帝时，皈依藏传佛教，接受灌顶，拜萨迦派首领八思巴为宗教师，并封其为帝师，命其掌控宣政院，管理吐蕃事务和全国佛教事务。其后，历任帝师都由萨迦派僧人担任。帝后都要师从帝师受戒。因此，大批喇嘛僧从西藏来到大都，多时达到数千。这些人身居高位，有很大的政治特权，并占有大量社会财富。大圣寿万安寺建成后，忽必烈一次赏赐大都郊区良田一万五千亩和大批佃户；大护国仁王寺在大都郊区和江淮等地就占有水陆田地 10 余万顷，文献有翔实记载："凡径隶本院者（由寺院直接管理）大都等处者得水地二万八千六百六十三顷五十一亩有奇，陆地三万四千四百十四顷二十三亩有奇"；另外，江淮等地，"隶河间、襄阳、江淮等处提举司提领（由寺院派出机构管理）所得水地万三千六百五十一顷，陆地二万九千八百五顷六十八亩有奇。"还占有大量的山林、湖泊、矿产等。寺庙田地等不纳赋税，僧人免除差徭。喇嘛僧可随意欺辱百姓，如还手就要遭到严厉惩处，甚至割舌断手等酷刑。《元史·释老传》说，喇嘛僧"怙势恣睢，日新月盛，气焰熏灼，延于四方，为害不可胜言"；"（喇嘛僧）佩金字圆符，络绎道途，驰骑累百，传舍至不能容，则假馆民舍，因追逐男子，奸污女妇"，甚至"凡殴西僧（喇嘛僧）者截其手，詈之者断其舌"。大都百姓（特别是汉族）恨之入骨，但敢怒不敢言。元代诗人张昱《辇下曲》有诗，记述他们出入宫闱，秽声闻于街市：

> 守内番僧日唸吽，御厨酒肉按时供。
> 纽铃扇鼓诸天乐，知在龙宫第几重。
> 西天呪师首蜷发，不澡不盥身亦殷。
> 倒垂璎珞披红罽，出入宫闱无腼颜。

时人胡助《京华杂兴诗二十首》，其中有一首诗，是专门写喇嘛僧（诗中称其西方教徒）骄横的：

> 嗟彼西方教，崇盛何炜煌。
> 至尊犹弟子，奴隶视侯王。
> 禅衣烂云锦，走马趋明光。
> 民赋耗太牢，永言奉祈禳。
> 寂寂东家老，弦歌守其常。

喇嘛僧的猖狂骄横到了极点：把至高无上的皇帝作为弟子（"至尊犹弟子"），藐视王侯将相，如奴隶（"奴隶视侯王"），为了祈福禳灾，耗费大量国家钱财作祭祀（"民赋耗太牢，永言奉祈禳，老百姓敢怒不敢言，只能安分守己的过生活，听之任之（"守其常"）。这是当时生活在大都的汉族人的普遍心理。

### 道

泛指道教和道士。当时，道教虽然在政治上仅次于佛教，但在大都仍有很强大的势力和影响。大都城内，旧有和新修的规模较大的道观就有 20 余处。这主要是因为元朝对道教的利用和支持。成吉思汗西征时，就曾将在北方影响很大的全真派首领丘处机，召到中亚，咨询治世之道，与之建立了良好的政治互信关系。丘处机返回中原，被安置在燕京的太极宫（后改名长春宫，现白云观是其中一部分）。之后，势力发展得很快。与佛教的矛盾也不断加深。为了解决佛、道矛盾，元朝曾三次主持佛、道大辩论（第一次在漠北和林，第二次在上都开平，第三次在大都）。结果都是佛教胜利。一些道士还被勒令削发为僧，除《道德经》以外的杂书伪经被勒令焚毁。至元十八年（1281 年）十月，还在大都的悯忠寺举行烧毁道藏伪经的仪式。但僧道之争，常斗不停。《大元通制条格·寺观僧道数目》记至元十七年（1280年）道士与僧人在长春宫为争夺观院而进行的一场恶斗，五百多人手持棍棒混战一场。同类的事情不断发生。元朝不得不规定："僧人合居佛寺，道士不得居住，不得争夺；道士合居宫观，僧人亦不得居住争夺。"（同上书，"商税地税"条）。元朝虽然借助佛道之争，打击一下道教，但考虑到它在汉族地区的社会势力和影响，还是要笼络和利用它。对长春宫"敕赐神仙符命、金印"。对其他较有影响的道观也常颁赏赍，赐予封号，对全真道之外的其他各道教宗派，元朝同样笼络、利用。例如，元朝占领江南后，在江南影响非常大的，以江西龙虎山的中心的正一道传入大都，很快就与元朝建立了政治关系。元朝同样给予很高的礼遇和优厚的赏赐。时人张昱《辇下曲》有诗记其事：

> 龙虎山中有道家，上清剑履绚晴霞。
> 依时进谒棕毛殿，坐赐金瓶数十茶。

### 医

在元代户籍制度中称为"医户"。元朝以弧矢得天下，打仗中死伤之事经常发生。为保存战斗力，需要及时医治，夺得天下之后，脱离世代生活的比较凉爽的草原，来到比较炎热的中原地区，生活环境发生了很大变化，从驰骋奔波，变为养尊处优，生活条件根本改善，因而皇族体质急遽衰弱，除元世祖忽必烈活了80多岁，其他皇帝都很短寿。体弱多病，自然视医药为保命符，故以对医生比较重视；另外，蒙古打天下、得天下，主要靠骑兵，视马为第二生命，除因战斗伤残外，离开草原来到中原，马得病的非常多，所以朝廷也非常重视马病的防治，因而兽医很多，形成一个专门行业。由于以上种种原因，元朝医生的社会地位还是相对比较高的，被称为"医户"。

中央设太医院，级别很高，大体与各部平行，掌管皇家医疗事务，并对全国进行行业管理。《元史·百官志（四）》说："太医院，秩正二品。掌医事，制奉御药物，领各属医职。"对其职级、职掌做了明确法律规定。内设各种管理机构，分工负责。例如，广惠司，"掌修治御用回回药物及和剂，以疗诸宿卫士及在京孤寒者"；御药院及行御药局，负责皇家医疗事务；医学提举司，管理全国医疗行政事务，如考试太医院医官和全国各地医学；官医提举司，"掌医户差役，词讼"。等等。值得一提的是，在大都设有专门为平民治病的机构，主官"从五品"（相当于外地府的副职或大县正职），"掌收官钱，经营出息，市药修剂，以惠贫民。"

就是说，由官府拨一定经费作本钱，经营得利，维持运转，医疗对象主要是贫民。

另外，大都和全国一样，设医学（相当于现代的医学院），以中医为主，规定十三门专科：大方脉杂医科、小方脉科、产科兼妇人杂病科、口齿兼咽喉科、风科、正骨兼金镞科、眼科、疮肿科、针灸科、祝由书禁科（用祝祷、符咒治病）。可见当时医药已经有专业分科，医生也已经专科化。对于没有取得医生资格而从医的，法律规定要严惩。

正是因为如此，元大都的医疗所已经专门化（相当于现代的专科医院），门首如商家挂有招牌，令人一望而知主治哪科。《析津志·风俗》记其事："市中医小儿者，门首以木刻板作小儿，儿在锦棚中若方相模样为标榜。又有稳婆收生之家，门首以大红纸糊蔑筐大鞋一双为记，专治妇人胎前产后以应病证（症），并有通血之药。而生产之家，门悬草圈，上系以红吊，则诸人不相往来。"

另外，大都居住的大批蒙古显贵和军士，行动都要骑马，马、牛、羊贸易也很发达，所以城内马、羊等牲畜很多，伤病是难免的。《辍耕录》卷九有"兽医"条，说："世以医马者曰'兽医'，疗牛者曰'牛医'。《周礼·天官·冢宰》篇，兽医下士八人，注'医牛马之属’。按此，则疗牛者亦当曰‘兽医’矣。"这说明，医马医牛已经有了专业分工。在元代甚至明代一些文献上，也将兽医写作"医兽"。其医所的招牌很有趣，《析津志·风俗》有记述："医兽之家，门首地位上以大木刻作壶瓶状，长可一丈，以代赭石红之。通作十二柱，上搭芦以御群马。灌药之所，门之前画大马为记。"

## 工

即工匠，在元代户籍制度中称为"匠户"。这是生活在元大都，以各种技艺为皇室服役的庞大群体。蒙古汗国建立之初，对外军事扩张，大肆虏掠人口，特别是手工匠人，每屠城"惟匠者免"。把这些匠人虏掠到蒙古控制地区为皇室和贵族服役，如建造宫室、修理营帐、制造军器等。1215年，成吉思汗攻占金中都，复旧称为燕京，设官治理，成为统治汉地和进一步夺取广大汉族地区的重要据点，为便于管理，将大批手工匠艺集中于燕京，并与其他人区分，编为匠户，逐步建立了一套分类管理制度。《元文类》所载《宪典总序·诸匠》说："国家初定中夏，制作有程。乃鸠天下之工，聚之京师，分类置局，以考其程度，而给之食，复其户，使得以专其艺。"

元朝对这些匠人实行分类管理，因而建立了一套庞大的管理机构。在中央，由工部管理；在大都地方，由大都留守处管理。此外，还有其他各部（如兵部）、各王府、各皇家寺院的工匠，则由所属分别管理。

工部下设诸色人匠总管府，掌百工之技艺。所辖有：梵像提举司，"掌绘画佛像及土木刻削之工"；出蜡局提举司，"掌出蜡铸造之工"；铸泻等铜局，"掌铸泻之工"；银局，"掌金银之工"；镔铁局，"掌镂铁之工"；玛瑙玉局，"掌琢磨之工"；石局，"掌攻石之工"；木局，"掌攻木之工"；油漆局，"掌髹漆之工"。另设诸物库，"掌诸物出纳之事"；管领随路人匠都提领所，"掌工匠词讼之事。"

又，诸司局人匠总管府，"领两都金银器盒及符牌等一十四局事"。其属有六，除"掌出纳之物"的收支库外，直接管理工匠的有：大都毡局，管人匠 125 户，大都染局，管人匠 6300 户；上都毡局，管人匠 97 户；隆兴毡局，管人匠 100 户；剪毛花毯蜡布局，管人匠 118 户。

又，大都人匠总管府，其属有四：绣局，"掌绣造诸王百官缎疋"；纹锦总院，"掌诸王百官缎疋'涿州罗局，"掌织造沙罗缎疋"；尚方库，"掌出纳丝金颜料等物"。

又，随路诸色民匠都总管府，"掌仁宗潜邸诸色人匠"。其中，大都有：大都诸色人匠提举司（所管人匠不详）；大都等处织染提举司，管阿难答王位下人匠1398户。

又，提举都城所，"掌修缮都城内外仓库事"。

又，受给库，"掌京城内外营造木石等事"。又，符牌局，掌造虎符等。

还有，平则门窑场、光熙门窑场、大都皮货所，通州皮货所。上述这些机构都管理着一批工匠。

另外，储政院下设管领怯怜口诸色民匠都总管府，领怯怜口人匠造作等事。怯怜口，蒙古语音译，意为家中儿郎，指皇室、诸王、贵族的私属人口。管领大都怯怜口诸色人匠提举司，管理大都有关人匠。

又有随路诸色人匠都总管府，"中统五年（1264年）命招集析居放良还俗僧道等户，习诸色匠艺，立管领怯怜口总管府，以司其造作"。其下属，有：大都等路诸色人匠提举司，内设双线局、大小木局、盒钵局、管纳色提领（管铜局、筋局、锁儿局、桩钉局、雕木局）；大都绍鼠软皮等局提领所（内设大都软皮局、斜皮局、牛皮局、金丝子局、画油局、毡局、材木库、玛瑙玉局）；大都奥鲁提领所，"掌理人匠词讼"。

又，管理本投下大都等路怯怜口民匠总管府，"系国初招集怯怜口哈赤民匠一千一百余户"，立总府"掌户口钱帛差发等事"。内设大都路兼奉圣州提领所，专管大都路相关人匠。

又，管领诸路怯怜口民匠都总管府。至元七年（1270 年）"招集析居从良还俗僧道，编籍人户为怯怜口，立总管府以领之。"其属有大都管民提领所，管理大都有关人匠。

此外，属大都地方管理的还有一大批匠人。大都留守司，"掌守卫宫阙都城，调度本路供亿诸务，兼理营缮内府诸邸、都宫原庙、尚方车服、殿庑供帐、内苑花木，及行幸汤沐宴游之所、门禁关钥启闭之事。"其下属：修内司，"掌修建宫殿及大都造作等事"，辖大木局、小木局、泥厦局、车局、粧钉局、铜局、竹作局、绳局，工匠计 1272 户；祗应司，"掌内府诸王邸第异巧工作，修襄应办寺观营缮"，领工匠 700 户；器物局，"掌内府宫殿、京城门户、寺观公廊营缮，及御用各位下鞍鲁、忽哥轿子、帐房车辆、金银器物，凡精巧之艺，杂作匠户，无不隶焉，下设铁局等 11 局，总领人匠不详。"其中，"掌夫匠营造内府殿宇寺观桥闸石材之役"的采石局，就管领 2000 余户；犀象牙局，"掌两都宫殿营缮犀象龙床卓器系腰等事"，管匠人 150 户：大都四窑场，领匠夫 300 余户；甸皮局，管熟制羊皮，工匠 30 余户；仪鸾局，掌殿廷灯烛张设和祭祀用品，洒扫等事，230余户。还有管理宫苑花卉、饲养马驼，种植苜蓿、挖煤烧炭等等。

当时共有多少匠人，文献中没有确切统计。从一些文献得知，至元十六年（1279年）籍匠人四十二万，立局院七十余所。至元二十一年（1284年），又将原来征服江南时所虏掠三十余万匠户进行汰选，得十万九千余户。其余编为民户。这些工匠大部分都分配在大都和上都，以及分配各地的诸王、公主名下。

大都有多少匠户，已难确切统计。仅根据前引《元史·百官志》管领匠人机构有明确记载的：工部所属计8，100余户，储政院所属计1，100余户，大都留守司所属计4，680余户。合计13，900余户。如果按每户4口计算，约55，000余人，这在大都是个庞大的社会阶层。这仅是不完全统计，因为不包括《元史·百官志》所记管领匠人机构没有明确记载所管领匠户的，以及其他官署、寺院或王府的工匠。实际的匠户要比这个不完全统计多很多。这些匠人都是战俘或虏掠来硬逼其为工匠的。官府对他们的管理是很严格的。各匠局由官府拨发物料，限制工期，规定质量。工匠集中工作，严加监管，制度规定："各处管匠官吏、头目、堂长人等，每日绝早入局监临人匠造作，抵暮方散。提调官常切点视。"

166

匠户按户由官府按月支给口粮。一般每户以4口为限。正身月给米3斗、盐半斤；家属，大口（15岁以上）月给米2斗5升，小口（14岁以下）并驱奴大口月给米1斗5升，驱奴小口月给米7升5合（5岁以下者不给米）。少于4口之户，按实际人数支米。当然，封建社会的官场腐败是无处不在的，管理匠人的官府当然也不例外。虚支冒领、克减物料和口粮的事不断发生。所以，就一般匠户来说，免除差徭，又有基本口粮保证，其生活比一般市民和农民稍为好些，但大多数也都很困苦。其中，只有少数技艺特别高超或被提升为管理官员的，过着工匠贵族的生活。

元朝统一全国后，又从民间签发了一部分匠户。其情况比上述人员要好些。特别是，其中不少是"富强之民，往往投充入匠，影占差役"。即投充入匠户之后，可以免除差徭，按月领取口粮，有田4顷以内可以免征税粮。对这些工匠管理也比较宽松，有的可以领工料在家制作，甚至完成官活之后，还可自开门市。这些人的生活一般比较富足。

**猎**

元代户籍制度中称为"猎户"，即专门为皇室猎捕野兽和豢养行猎所用猛禽的人户。

《元史·兵志四》说："元制自御位（皇帝）及诸王，皆有昔宝赤，盖鹰人也。"这是元朝继承早期的游猎生活形成的习俗，所获猎物一是用来祭祖，"致鲜食以荐宗庙"；二是"供天庖"，丰富帝王餐桌；三是，皮革羽毛备作他用，例如皮革作甲胄、羽毛作翎箭等。这些猎户的来源，"多取析居、放良及漏籍孛兰奚、还俗僧道，与凡旷役无赖者，及招收亡宋旧役等户为之。"大体来说是原来猎户鹰手和招募的闲散人员。这些猎户的捕猎活动"地有禁，取有时"，即限定地域和季节。例如，冬春之交，皇帝和王公贵族近郊"飞放"（游猎），是禁止猎户在相应地区狩猎的。这些猎户"其差发，除纳地税、商税、依例出军等六色宣课外，并免其杂泛差役"。

这些猎户，分隶皇室和诸王、驸马。世祖忽必烈时进行了清理整顿，设打捕鹰房官掌领。直属皇室的8所（处），都在大都城近郊或远郊，共1367户；属于诸王的，在大都郊区有：汝宁王201户，普赛因大王780户。（大都路以外的未统计）。两者合计2348户，按每户4口计算，共9552人。

另外，储政院下设管领大都等路打捕鹰房胭粉人户总管府，秩正四品。初，至元十四年（1277年），打捕房达鲁花赤（主管官），招集平滦散逸人户，二十九年

（1292年）设立总管府。后拨隶皇太后位下。

又，管领诸路打捕鹰房纳棉户总管府，秩正三品，"掌人匠一万三千有奇，岁办岁粮皮货，采捕野物鹰鹞，以供内府"。同时，在全国设立20余个提领所作为其直属机构。管领大都左右巡院等处打捕鹰房纳棉等户提领所是其中之一。管领多少人户缺乏确切记载。据《元史·百官志五》，储政院下设卫候直都指挥使司，秩正四品，专门掌理宫廷所用控鹤于（以鹰隼等猛禽捕猎的人），就有近千人："至元二十年（1283年），以控鹤一百三十五人，隶府正司"，"三十一年（1294年），增控鹤六十五人，隶卫候司以领之"，"大德十一年（1307年）复增怀孟从行控鹤二百人"，"（至治）四年（1324年），拟控鹤六百三十人，归中宫位下。"以上，不完全统计，共约千余户，按每户千口计算，约计四五千人。

如果仅按以上《元史》有明确记载的猎户统计，大都郊区约有四五千猎户，人口约二三万。

《马可波罗行记》第93章，记述了他所亲闻亲见捕猎户向皇宫交纳猎物的情形："大汗居其都城之3个月中，质言之阳历12月、1月、2月中，在四围相距约40日程之地，猎户应行猎捕鸟，以所获之鸟与大兽献于大汗。大兽中有牝鹿、花鹿、牡鹿、狮子，及其他种种大野兽，其数居猎物之强半。其人献兽之先，应破腹

169

取脏，然后以车运赴汗所。行程有需二、三十日者，而其数颇众也。其远道未能献肉者，则献其皮革，以供君主制造军装之用。"

## 民

这里所说的"民"，是指元代户籍中的民户。通俗而言，是指有人身自由的普通老百姓，即城内市民，城郊农民。城乡都立社管理。至元七年（1270年）闰十一月，尚书省司农司呈："大名、彰德等路在城居民俱系经纪买卖之人家，并各局分人匠，恐有不务本业游手好闲凶恶之人，合依真定等路选立社长教训。"奉旨准行。之后，全国多地"在城关厢见住诸色户计，钦依圣旨事理并行入社"，大都当然也不例外。于坊下设社。至元二十三年（1286年）六月，中书省奏准："诸县所属村疃，凡伍拾家立为的壹社，不以是何诸色人等，并行入社，令社众推举年高、通晓农事、有兼丁者，立为社长。"如一村不足五十户或超过五十户而不足一百户，也可立为一社。超过百户时另立一社。大都郊区也照此例。但这主要是针对汉族人户，不包括蒙古人户。元朝就是通过这种方式，对大都的市民和郊区农民进行管理。

元大都的市民和郊区农民，和其他各地人民一样都要承担很重的赋税，归纳起来，主要包括两种：一是科差，大体包括3项：交纳丝料，蒙元立国之后，将包括燕京在内的金统治地区分封给诸王、贵族和功臣，称为投下（封地、采邑之意，习惯上也指拥有封地的王侯），民户向投下交纳一定数量丝料。忽必烈立国之后，汉军将领的采邑被缴销，蒙古贵族的仍保留。忽必烈统一规定，每两户出丝两斤归于官，每五户出丝两斤输于本投下，合计每斤每户每年出丝料一斤六两四钱（按一斤十六两计算），称为二五户丝。（其中交给各投下的称为五户丝。不属于各投下的民户也按平均数交纳，归于国家；再就是包银，即民户每年向国家交纳的统一税，忽必烈推行钞法，每户年纳钞四两（当时发行的中统钞二两，值白银一两。钞、银比价变动，包价随之变动；还有一种就是俸钞，忽必烈时规定，缴纳包银的民户每四两增纳中统钞一两，作为各级官吏俸禄之用。

另一种赋税项目是税粮。因以征收粮食为主，故有此称。江南、江北有所不同。大都所在的北方大体是：一，工匠、僧道、也里可温、答失蛮、儒户等是按实有地亩（称"验地"）缴纳，每亩年3升；二，军户、站户4顷以内免征，超过的按亩缴纳；三，官吏、商贾、民户等纳丁税（"验丁"，核实丁口）。15岁以上为成丁，年纳粟2石，驱丁（驱口，即奴婢）减半。纳地税不纳丁税，反之亦是。在实际征收时，巧立各种名目和横征暴敛的情况是经常发生的。

城市居民除本业应承担的差税，例如营业税等之外，还有一些差役要承担，例如巡军弓手。"元制，都邑设弓手，以防盗也"，在大都"有南北两城兵马司"，"各主捕盗之任"，"南城三十二处，弓手一千四百名；北城一十七处，弓手七百九十五名"。这些弓手，在当地主管官员指挥下负责巡夜及捕盗。

大都实行夜禁制度。"其夜禁之法：一更三点，钟声绝，禁人行；五更三点，钟声动，听人行。有公事急速及丧病产育之类，则不在此限。违者笞二十七下，有官者笞七下，准赎元宝钞一贯。"

弓手抽调之法与捕盗责任："于本路不以是何投下当差户计，及军站人匠、打捕鹰房、斡脱（经营高利贷商业的官商）、窑冶诸色人等户内，每一百户内取中户一名充役，与免本户合着差发，其当户推到合该差发数目，却于九十九户内均摊。若有失盗，勒令当该弓手，定立三限盘捉，每限一月。如限内不获，其捕盗官，强盗停俸两月。窃盗一月。外据弓手，如一月不获，强盗决一十七下，窃盗七下；两月不获；强盗二十七下，窃盗一十七下；三月不获者，强盗三十七下，窃盗二十七下。如限内获贼，数及一半者，全免正罪"。以上列为国家制度，载于《元史·兵志四》。

可见当时的城市管理还是很严的。城市居民处于严密监控之下。除了忙于维持生计的各种营生（例如生意等等），还要承担例如弓手这样的各种差役。所以，普通城市居民的生活是很艰苦的。例如，就生活所必需的燃料来说。官宦之家和大商大贾等富贵人家烧煤炭（这在当时是非常先进的，旧北京维持了几百年），普通百姓人家是买不起煤的（当时煤的价格很贵），只能捡拾马粪（当时骑兵很多，满街都是马粪），晒干以后当燃料。抢拾马粪成了大都司空见惯的一道特殊街景。时人张昱《辇下曲》曾以诗的艺术形式，将这独具元大都特色的社会风俗画，定格在历史记忆中：

> 争抱荆筐拾马留，贫儿朝夕候鸣驺。
> 不知金印为何物，肯要人间万户侯。

作者是文章高手，一个"争"字，令人如闻如见一个生活场景：一群贫穷孩子，抱持荆条编成的粪筐，哄抢马粪，他们全神贯注，奋力争抢，什么"金印""万户侯"，都不如马粪珍贵。今天，我们读这首七八百年前的诗，仍然如身临其境地感受到元大都贫困居民世界的生活气息。

"民"是元大都社会的主体，同时也是社会的下层，承受的负担也最重。特别是郊区农民，除承担国家规定的沉重赋税差徭之外，官员的随意勒索更是苦不堪言，因而造成了严重的社会问题，元朝为安定社会，稳定政权，不得不采取一些应对措施。大德十一年（1307年）五月二十日，颁发诏书："民者，国之根本，军国用度，一切财富，皆所自出，理宜常加存抚。其经过车马、牧羊马驼人等，毋得取要饮食、钱物，非理骚扰，纵放头疋践踏田禾，咽（啃）咬桑枣。所在官司严加禁约，违者断罪陪（赔）偿。本管头目有失钤束，亦仰究治，重者申闻。"。这当然是一纸空文，只能说明问题的严重性，而不能解决现实存在的严重社会问题。

对于大都郊区的农民来说，情况更为严重。来往于国都的官差、军民比别的地方当然要多，受的骚扰自然也多。时人许有壬有题为《虎食邻豕》的诗，是借老虎强吃一对老年夫妻借以维持生计的肥猪，怒斥酷吏"乘虚凌弱犬亦耻"（意为"欺凌弱，小狗也为耻"）：

> 疲氓一豕关岁计，翁姐旦夕劳綦视。
>
> 敢思口腹资御冬，拟待今秋了租税。
>
> 于菟乘夜夔其壁，攫去怒嚼无余骨。
>
> 豪家有羊过千百，尔不掠剩宁有畏？

乘虚凌弱犬亦耻，天赋尔质徒猛挚。

太山昔闻无苛政，荒村今复增酷吏。

草莱蹂践迹未泯，是我昨日攀缘地。

卞庄周处世岂无，毕竟爪牙何足恃！

　　按照元朝的户籍制度来说，大都郊区的这些民产，是指自耕民。这是一批以耕种自家田地维持生活的农民，他们主要是在大都城的郊区。这些人除了承担自家户丁赋役外，还要承担被签为军户、站户和投充诸王贵族之家的投充户的差役，所以负担特别沉重，生活非常困苦。王恽《田家谣》写出了他们的心声："我本耘田客，挨排为主户。岁无儋石储，日有箕敛聚。刻肌医却眼前疮。肉至无剜疮愈腐。支持非一朝，窘至空捶楚。东邻匠色日优游，西里征家厌温饫。平时嗥嗥等王民，一苦一甘遽如许。"他们常年辛苦耕耘，被繁重的赋役压得透不过气来。

　　即使平常岁月，也常饥寒交迫，难得温饱，盼得收割时才能吃顿饱饭。许有壬《观刈》诗，是观看农民收割庄稼时发生的叹息：

春耕招轩载耜来，夏耘竭力空芸耡。

天时人事两无失，一饱今知堪坐待！

农家到秋塞破屋，此乐天今付贫倅。

禾头饱重垂拂根，桦擦风声传铚艾。

月明健卒担如飞，足茧肩赪汗流背。

一场方亩积无隙，更向邻翁借车载。

山妻啼饥已拭泪，忙呼赤脚同扫碓。

饿夫不言但臆对，大嚼预摇三尺喙。

纵横滞穗不暇收，西风肥杀钻篱菜。

　　他们常见以草根树皮充饥，但仍被胥吏追索赋税，没有活路，只有悲哀。连一些良心未泯的朝中权贵，也觉惨不忍睹，王恽有一首题为《入奏行美圣政而重民急也》的诗，写大都城南饥民的，至今读来令人心酸："君不见，燕南饥民行且泣，膏泽屯来三百日，蚕沙啮尽木皮空，到末草根充糗粮。追胥星火县帖严，官不汝怜需税石。"

　　《人海诗区》卷三辑录了元代诗人有关大都近郊农民的两首诗：一是张羽《漷县叹》，原注"漷县在通州城南四十五里"；二是程敏政《涿州道中录良乡役夫语》（当时的良乡今属房山区）。两诗字里行间充满血泪，如泣如诉。几百年后的今天，读来仍然仿佛听到大都近郊农民的呻吟，心中酸苦，不忍卒读。

　　《漷农叹》：

溵南有农者，家仅一两车。
王师征淮蔡，官遣给军储。
翁元应门儿，一身老当夫。
劳劳千里役，泥雨半道途。
到军遭楚烹，翁脱走故闾。
车牛力既尽，户籍名不除。
府帖星火下，尔来仍往输。
破产不重直，笞箠无完肤。
翁复徒手归，泪涕满故襦。
问家墙屋在，榆柳余几株。
野雉雏梁间，狐狸穴阶隅。
老妻出佣食，四顾筐篚无。
有司更著役，我实骨髓枯！
仰天哭欲死，醉吏方歌呼！

《涿州道中录良乡役夫语》：

我行范阳道，水次遇老叟。
时当孟冬尽，破褐被两肘。
邂逅一咨诹，向我再三剖。
哭言水为沴，天意苦难究。
今年六月间，一日夜当丑。

**177**

山水从西来，声若万雷吼。

水头高万丈，没我堤上柳。

于指官路旁，瓦砾半榛莽。

曹有十数家，青帘市村酒。

人物与室庐，平明荡无有。

水面沉沉来，忽见铁枢牖。

数日得传闻，水蚀紫荆口。

老稚随波流，积尸比山阜。

如此数月馀，乃可辨疆亩。

下田尽沮洳，高田剩稂莠。

农家一岁汁，不复望升斗。

官府当秋来，催租不容后。

嗟嗟下小民，命在令与守。

更有观风使，仰若大父母。

见此如不闻，恐或坐其咎。

我民千馀人，血首当道叩。

始获免三分，有若释重负。

奈何急馀征，日日事鞭殴。

夫征又百出，一一尽豪取。

悲哉一村中，窜者十八九。

老夫家无妻，一儿并一妇。

两孙方提携，尽可慰衰朽。

岂期天不吊，一旦遂穷疲。

一儿水中没，一妇嫁邻某。

两孙鬻他人，偿官尚难勾。

老身自执役，有气孰敢抖？

反羡死者安，苦恨生多寿。

诏书开赈济，奉者有贤否。

终为吏所欺，此食亦难就。

呼天一何高，呼地一何厚！

我闻老叟言，垂涕者良久。

恭惟天子圣，化泽被寰囿。

声色弗自御，游畋敢谁诱？

稼穑深所知，真如古明后。

庶微岂不谙，一变故非偶。

无乃诸皋夔，此责当敬受。

畴谁斯民痛，不可事炳炙。

我亦食人禄，深惭结朱绶。

岂无致泽心？无地可藉手。

立马野踯躅，悲风动林薮。


## 儒

即元代户籍中所称的儒户。元朝对待儒户和其他行业的人比较，还是优待的。窝阔台时期，于 1237 年，

179

试诸路儒士，得 4030 人，"著籍为儒户"。中选儒生若种田纳地税，商贸者纳商税，其余差发一律免除。蒙哥时期，"悉除汉地、河西儒户德役"。忽必烈建大都之后，于至元十三年（1276 年），遣使于诸州试儒生，中选者编为免差儒户，共得 3890 人，"并免其儒役。其富实以儒户避役者为民，贫乏者五百户，隶太常寺。"但和窝阔台时不同的是，忽必烈时规定儒户只免除本身差役，儒人户下余丁不在优免之列。其他各种户籍的子弟深通文学者，亦可免除本身差役。灭南宋后，至元十四年（1277 年），又规定亡宋的"登科、发解、真材、硕学、名卿、士大夫"等皆可入儒籍。后又规定，经官府审定后，这些人可以永为儒。因而有一大批江南文人学士来到大都。

大都和全国诸路一样，设儒学，儒户世袭其业，选子弟一人入学。官府划拨一定数量的学田作为办学经费。设儒学提举司管理有关行政事宜。大都路提举学校所，秩正六品。至元二十四年（1287 年）大都设立蒙古国子学，儒学迁入孔庙，提举学校所主官由国子祭酒兼，学田有 4 顷 80 亩。大都具体有多少儒户缺乏确切统计。至元十三年，选试天下儒生，才得 3980 人，贫乏者 500 户是安置在太常寺，当然是在大都了。其余的即使一半人安置在大都，也不到 2 千人。在大都的人口比例中占的很小。而且，这是个不稳定的社会阶层，一些人当官为吏以后，就变成另类，不能算做儒户了。

一般来说儒户虽然清苦，但尚可温饱，只是想通过苦读找到进身之路。

《辍耕录》卷十二"文章政事"条，记一个官至中书的吕仲实，未步入仕途前，为一介寒儒，有一天，实在无米下锅了，就抱着所穿布袍去换米。老婆很不情愿，难免唠叨几句。他戏作一诗：

> 典却春衫办早厨，老妻何必更踌躇。
> 瓶中有醋堪烧菜，囊里无钱莫买鱼。
> 不敢妄为些子事，只因曾读数行书。
> 严霜烈日皆经过，次第春风到草庐。

这道出了绝大多数儒生的生活与心态，生活清贫，但总抱着"书中自有黄金屋"的幻想，一举成名，登上"天子堂"。但只有极少数梦想成真，绝大多数人只能在清贫、幻想中了却终生。

## 丐

即乞丐，不列入元代户籍制度。他们上无片瓦遮风雨，下无立锥之地存身，全靠乞讨维持生活。他们处于社会最底层，很少引起社会的注意，更难于进入诗人的视野。时人许有壬有一首题为《哀弃儿》的诗，写一对乞丐夫妻抛弃爱子的悲惨情景，今天读来仍觉心酸：

> 雪霜载途风裂肌，有儿鹑结行且啼。
> 问儿何事乃尔悲，父母弃之前欲迫。
> 木皮食尽岁又饥，夫妇行乞甘流离。
> 负儿远道力已疲，势难俱生灼可推。
> 与其口尾莫我随，不如忍割从所之。
> 今夕旷野儿安归？明朝道殣非儿谁？
> 父兮母兮岂不慈？天伦遽绝天实为。
> 卜年执政虽咸排，发廪有议常坚持。
> 昔闻而知今见之，仓皇援手无所施。
> 儿行不顾寒日西，哭声已过犹依稀。

## 十种人之外的其他人户

除了上述十种人外，还有几种人在大都日常生活中十分活跃，占有突出位置，例如，军人、基督徒、穆斯林、商贾、妓女和驱口等。因此，结合元代户籍制度和实际情况，分别作简要介绍，便于比较全面地了解元大都社会生活全貌。

## 军人

这是一个特殊的武装人群，附属于皇宫，不列入户籍，游离于社会之外，但又对大都社会生活有重大影响。在大都驻扎了大批军队，成群结队的军兵往来街市，是元大都一道特别引人注目的社会风景线。驻扎大都的军队有两种，一种是屯田军，驻在远郊，对大都城的社会生活风貌影响相对比较小。一种是驻在城里宿卫军。宿卫军又根据不同职能，区分为几种部队。《元史·兵志二》说："宿卫者，天子之禁兵也。元制，宿卫诸军在内，而镇戍诸军在外，内外相维，以制轻重之势，亦一代良法也。方太祖时，以木华梨、赤老温、博尔温、博尔忽、博尔术为四怯薛，领怯薛番宿卫。及世祖时，又设五卫，以象五方，始有侍卫军之属，置都指挥使以领之。而其后增置改易，于是禁兵之设，殆不止于前矣。夫属橐鞬，列宫禁，宿卫之事也。而其用非一端。用之于大朝会，则谓之围宿军；用之于大祭祀，则谓之仪仗军；车驾巡幸用之，则曰'扈从军'；守护天子之帑藏，则曰'看守军'；或夜以之警非常，则为巡逻军；或岁漕至京师用之以弹压，则为镇遏军。今总之为宿卫，而以余者附见焉。"这些围宿军、仪仗军、扈

183

从军、看守军、巡逻军、镇遏军等，都被视为皇帝的侍卫军，驻扎大都。其中，最重要的是警卫皇宫的围宿军。皇宫周围遍布军营，街上军人川流不息，大都究竟有多少军队，无明确记载。我们在这里，仅根据《元史·兵志二》有简略记载，作些推算。例如，武宗至大四年（1311年）正月"以大朝会调蒙古、汉军三万人备宿卫"；仁宗延祐三年（1316年）十月，"以诸侯王来朝，命宿卫军士六千人增至一万人"；同年十一月，"诏宿卫军士除旧有者，更增色目军万人，以备禁卫"；同年十二月，枢密院奏，"其各卫还家军士，亦发二万五千人，令备车马器械，俱会京师"，仁宗可其奏。综合这些情况分析，大都的宿卫军经常保持在二三万左右。

又，至元十六年（1279年）世祖以新取到侍卫军一万户，属之东宫，立侍卫亲军都指挥使司；至元二十六年（1289年）枢密院奏，"总一万人，立武卫亲军都指挥使司，掌修治城隍及京师内外之工之事"；至大元年（1308年）"选汉军之精锐者一万人，为东宫卫兵，立卫率府"。大都大的工程，例如疏浚河湖，建造寺庙等。经常调用侍卫军，例如，至元二十八年（1291年），疏浚通惠河工程就调用19129人。

根据上述有限史料估算，大都城及近郊，驻军常年约有五六万，或更多一些。二三万军队围起皇城，差不多半个大都城都成了兵营，确实威严壮观。张昱《辇下曲》里的两首诗，描述这一奇特景观：

> 红城万户拱皇居，宿卫亲兵饱有余。
> 苑鹿与人分食惯，朝朝群聚候糜车。
> 圜殿仪天十六槌，向前黄道不教行。
> 帐房左右悬号角，尽是君王宿卫兵。

《人海诗区》卷三，录有时人张宪《大黄庄前怯薛行》（原注：大黄庄在通州境内。怯薛，官名，更番侍卫之职），极写宿卫军军官的骄横：

> 怯薛儿郎年十八，手中寻箭无虚发。
> 黄昏偷出齐化门，大王庄前行劫夺。
> 通州到城四十里，飞马归来门未启。
> 平明立在白玉墀，上直不曾违寸晷。
> 两厢巡警不敢疑，留守亲侄尚书儿。
> 官军但追上马赋，星夜又差都指挥。
> 都指挥，宜少止，不用移文捕卒李，贼魁
> 近在王城里。

## 也里可温（基督教徒）

在元代户籍中的"也里可温"，是指基督教徒，这也是元大都社会中一个独特的庞大群体。元代将基督教徒和传教士通译称"也里可温"，或"也立乔"、"迭屑"（袭用波斯人对基督教徒的称呼）。其最早于唐朝初年传入中国，称大秦景教。唐武宗灭佛时曾一度遭受禁止，趋于绝灭。后复兴，辽、金和蒙古初期，它在中国西北和北方的一些游牧部落，如乃蛮、克烈、汪古等部，以及畏兀儿人中，都很流行。蒙古汗廷也有不少信徒，例如蒙哥汗和忽必烈等人的生母，就是虔诚的基督徒。蒙元数次西征，西亚、东欧大批基督徒被俘获或主动归附，之后陆续来到中国，或充任官吏，或为军匠，有的则被迫为奴。他们分散在全国各地，大都则是其一个重要的聚居区。据有关文献记载，元初大都路城区和郊区就有基督教的聂思脱里派教徒3万多人，设有契丹、汪古大主教区管理。罗马天主教则是在至元三十一年（1294年）前后由教皇派遣东来的圣方济各会士传入，并在大都城中建立教堂两所，先后受洗6千余人，还买下40名男童，组成唱诗班，举行礼拜仪式。

元朝对待基督教徒和佛、道、答失蛮、儒户一样，免除差徭，但又规定"种田入租，贸易输税"。但许多基督教徒占有显要的社会地位，常常有各种办法逃避赋税。依照对各宗教各依本俗管理的原则，在大都，中央设立管理基督教的专门机构崇福司，秩从二品，掌领马儿（景教主教的尊称）、哈昔（僧俗）、列班（教师）、也里可温、十字寺（当时对基督教堂的称谓）祭享等事。仁宗延祐二年（1315 年）改司为院、省并天下也里可温掌教司 72 所，实行全国统一管理。他们和佛、道、答失蛮一样可以自由传教、并为皇帝祷告。他们的礼拜活动，也使大都人很好奇，张昱《辇下曲》有一首诗，记录了汉族人的观感：

十字寺神呼韩王，身骑白马衣戎装。
手弹箜篌仰天日，空中来仪百凤凰。

从这首诗来看，元代汉族人对天主教的认识还是很肤浅的。

## 答失蛮（穆斯林）

元代户籍中的"答失蛮"，是指伊斯兰穆斯林，这是元大都一个特殊人群。虽然元代以前伊斯兰教就早已经传入中国，但其生活的地区有限，只有到了元代，征服西域，通过俘虏、征调、招致，抑或经商、旅行，有大批色目人来到元朝，其中很多都是信仰伊斯兰教的穆斯林。在元代，一般将伊斯兰音译为木速蛮或木速鲁蛮、谋鲁速蛮、没速鲁蛮、铺速满等。其掌教人员称为答失蛮。汉族人或汉文文献则经常称之为"回回"。不过当时"回回"一词所指，不仅限于穆斯林，例如犹太人被称为"术忽回回"，钦察人被称为"绿睛回回"。

元朝将木速蛮列为色目人的一种，政治地位仅次于蒙古人，在政治、经济、文化等社会各个方面都占有重要地位。木速蛮善于经商，商贾很多，也有不少人充当官员、军人、工匠，或其他行业。《明史·西域志》说："元时回回遍天下"，全国各地都有，但在同一地区则往往聚居在一起，大体而言，是大分散小聚居。

元朝初年，大都已有近3千户、约1万多人的回回商贾。据王恽《为在都回回户不纳差税事状》，截止中统四年（1263年），正式营建皇宫前的大都（当时称为中都）就有回回人户"计二千九百五十三户，于内多系富商大贾，势要兼并之家。其兴贩营运百色，侵夺民利，并无分毫差役。"后来根据元朝法令，掌教人员答失蛮免除差赋，一般回回人户与其他民户一样承担赋役。

木速蛮和官府关系密切。中书省礼部属下设有常和署，专管回回乐人。宫廷和民间有不少木速蛮医生，以"回回药物"行医。朝廷还特别设立回回司天台，以术速蛮天文学家观测天象，回回历是当时通行的历法之一。也有不少人努力学习汉文化，成为著名的文学家。

根据色目人各依本俗管理的原则，大都设有国家管理回回事务的回回哈的司（阿拉伯语言译，音为法官），管领掌教念经等宗教活动及与木速蛮有关的刑名、户婚、钱粮、词讼等事务。虽然其间因为朝廷的夺权斗争，这一专门机构几经废立，但依本俗管理的原则和木速蛮的社会地位，有元一代没有什么大的变化。

无论是从事哪种职业的木速蛮，大多始终保持自己的宗教信仰和习俗。大都和全国许多地方都有清真寺，当时也称为回回寺或礼拜寺。元代文献称"近而京城，远而诸路，其寺万余。"大都木速蛮在清真寺作礼拜，引起许多汉族人好奇，视其为奇特景观。时人张昱记述大都习俗的《辇下曲》中，就有一首是写在清真寺礼拜的：

> 花门斋候月生眉，白日不食夜饱之。
> 缠头向西礼圈户，出浴升高叫阿弥。

### 商贾

从业人多，对社会生活影响巨大，但除少数官商结合的富商巨贾外，其社会地位都很低。大都是元朝的政治中心，也是全国的商贸中心。四方商贾云集，江南、漠北、西域、东海之所产，无不毕集，即如时人所说："京师，天下之都会也。东至于海，西踰于昆仑，南极交广，北抵穷发，舟车所通，宝货毕来。"所谓"天生地产，鬼宝神爱，人造物化，山奇海怪，不求而自至，不集而自萃。"同时，又有不少外国商人前来贸易，因而大都也是当时的国际商贸都会。

《马可波罗行记》第96章《汗八里城之贸易发达户品繁盛》里说，大都"有各地来往之外国人，或来入贡方物，或来售货宫中"，"外国巨价异物及百物之输入此城者，世界诸城无能与比。盖各人自各地携物而至，或以献君王，或以献宫廷，或以供此广大之城市，或以献众多之男爵、骑尉，或以供屯驻附近之大军。百物输入之众，有如川流之不息。仅丝一项，每日入城者计有千车（注：每车所载不过500公斤，则每日入城之丝平均有50万公斤，每年共有18万吨）。"这里所说的，主要是供应皇家和官宦人家消耗的奢侈品。

供应大都普通百姓人家生活必需品的是店铺和街市交易，即固定场所的定期或不定期的集市贸易。由于人口众多，需求量大，市场非常旺盛，集市按货物分类，形成鲜明的特色。据《析津志·城池街市》所记，街市有30多处：米市、面市、缎子市、皮帽市、菜市、帽

图 8　元人春景货郎图
（中国台北故宫博物院藏）

子市、珠子市、草市、文籍市、纸札市、靴市、车市、拱木市、柴炭市、煤市、蒸饼市、胭粉市、果市、铁器市、玉器市、羊市、马市、牛市、骆驼市、驴骡市、鹁鸽市、鹅鸭市、猪市、鱼市。此外，还有人市（买卖奴婢）、穷汉市（出卖劳动力、雇佣工人等）。另外，省东市和沙剌市可能是以地名市的，省东市主要贸易货物不明，沙剌市则注明卖金、银、珍珠、宝贝等。买卖日常生活必需品的米市、面市、菜市等，以及买卖奴婢的人市和出卖劳动力的穷汉市，东、西、南、北四城都有。大牲畜交易和较高档商品买卖则相对比较集中，形成了几个繁华的特色鲜明的街（区）。正如当时人所记述："若乃城闉之外，则'文明'（门名，下同。今东单南）为舳舻之津，'丽正'（今天安门南）为衣冠之海，'顺城'（今西单南）为南商之薮，'平则'（今阜城门）为西贾之派。"大体来说，马、牛、羊、骆驼、驴骡多在西城的羊角市。鼓楼一带最为繁华，除日常生活必需品米、面、菜等之外，绸缎、珠宝等高档商品也应有尽有。海子（积水潭）码头是漕运货物集散地，来往人员很多酒肆歌楼林立，丝竹之音昼夜不绝，车来人熙熙攘攘，吃喝玩乐所需应有尽有。

国家对于市场和商贩设置了一套专门的管理系统。户部设大都宣课提举司，"掌诸色课程，并领京城各市"，即专门负责大都各市场征税和商贩管理。其下按马市、猪羊市、牛驴市、果木市、鱼蟹市、煤市等不同行业分设七品、九品专管官员。同时，针对大都饮酒成风，酒业利润很大，户部又设大都酒课提举司，"掌酒醋权酤之事"，征税当然是其主要职责。

这些南来北往的商人，形色各异，贫富不等。元人有一首诗是写通过居庸关往来贸易商人的："间宿南关口，山高六月寒。居人艰粟麦，行客诉辛酸。羊马南来富，程途北去宽。何时兵革息，归路计平安。"《析津志·属县》所录这首诗，反映了当时途经居庸关商贾的情况：贩来蒙古所产羊马可以赚不少钱，但塞外朔漠苦寒，且常闻兵革之警，旅途饱尝辛酸。生意人辛苦奔波，生活颇不容易。

下面，我们据《析津志·风俗》有关记述，对元大都商贾生活略作介绍：经营资本比较雄厚的，则自己置盖铺面房，临街经营，并门前悬挂特色招牌，例如："酒槽坊，门首多画四公子：春申君、孟尝君、平原君、信陵君。以红漆阑干护之，上仍盖巧细升斗，若宫室之状。两旁大壁，并画车马、驺从、伞仗俱全。又间画汉钟离、唐吕洞宾为门额。正门前起立金字牌，如山子样，三层，云黄公垆。夏月多载大块冰，入于大长石枧中，用此消冰之水酝酒，槽中水泥尺深。"

经营资本较小的，或搭盖棚屋，或租赁，或摆摊，集中起来形成市场（如今天的集贸市场）如，"官大街上作朝南半披屋，或斜或正。于下卖四时生果、蔬菜、剃头、卜算、碓房磨，俱在此下。剃头者以彩色画牙齿为记。碓则望东南偏为之。咸称乡老云，捣碓东南有故事。磨则以土为贮麵之渠。如果、菜以荆筐为之，以代竹。酒以木作长桶盛之担送，名酒稍"；"木市街停塌大杈，叉木柱、大小檀橡桶并旧破麻鞋。凡砖瓦、石灰、青泥、麻刀。（真青泥，不用黑煤调石灰、自是真青泥。出于西山。）其破麻鞋，役人于水中净洗晒干，用刀斫烂，掆开茸茸，如麻芒。若验船做灶泥炕，并用之。湛露坊自南而转北，多是雕刻、押字与造象牙、匙箸者及成造宫马大红鞦辔、悬带、金银牌面、红条与贵赤四绪条、士夫青匾条并诸般线香。有作万岁藤及诸花样者，此处最多。"

当时，大都居民稠密，木柴供应困难，做饭取暖多用西山煤炭，一大批采煤、运煤的生意人应运而生："城中内外经纪之人，每至九月间买牛装车，往西山窑头载取煤炭，往来于此。新安及城下货卖，咸以驴马负荆筐入市，盖趁其时。冬月，则冰坚水涸，车牛直抵窑前；及春则冰解，浑河水泛则难行矣。往年官设抽税，日发煤数百（车），往来如织。二三月后，以牛载草货卖。北山又有煤，不佳。都中人不取，故价廉。"

有的当街做糕点等熟食，沿街叫卖："街市蒸作麺糕。诸蒸饼者，五更早起，以铜锣敲击，时而为之。及有以黄米作棘糕者，多至二三升米作一团，徐而切破，秤斤两而卖之。若蒸造者，以长木竿用大木权撑住，于当街悬挂，花馒头为子。小经纪者，以蒲盒就其家市之，上顶于头上，敲木鱼而货之。""又有红漆四方盒。有替者盛诸般果子，仍以方盘铺设案上。若官员、士庶、妇人、女子，作往复人情，随意买送。以此方盘不分远近送去。此盒可以蔽风沙，并可收拾，并远年之器。又其下者，以荆盘盛于地下，或矮桌零卖，如烧饼之类。复有以土作墙案，货饼食者。"

一些本小利微的小商小贩，则肩挑车推，走街串巷，高声叫卖："贩夫逐微末，泥巷穿幽深。负戴日呼叫，百种闻异音。"

这些普通商贩生活是很清苦的，没钱大吃大喝，又忙于生意，一般都是街上吃点糕点、便饭充饥："都中经纪生活匠人等，每至晌午以蒸饼、烧饼、馈饼、软粣子饼之类为点心。早晚多便水饭。人家多用木匙，少使箸，仍以大乌盆木杓就地分坐而共食之。菜则生葱、韭蒜、酱、干盐之属。"

而一些与官府勾结的大商人则是另外一种景况。他们住着华丽豪宅，过着奢侈生活："至其货殖之家，如王如孔，张筵开宴，招亲会朋，夸耀都人而几千万贯者，其视钟鼎岂不若土芥也哉。若夫歌馆吹台，侯园相苑，长袖轻裙，危弦急管，结春柳以牵愁，伫秋月而流盼，临翠池而暑消，褰绣幌而云暖，一笑金千，一食钱万。此则他方巨贾，远土谒宦，乐以消忧，流而忘返。"

这些富可敌国，贵比王侯的富商大贾，代不乏人。他们一般是与官府勾结串通，依仗权势而发横财，结局都不会好。大都的富商大贾更有特殊优越条件，就是投靠皇家，成为皇商，可以运用国家权力谋利。例如元初朱清、张瑄。二人原为海盗，降元后授职，包揽江南至大都漕运，巨商与高官集于一身，"二人者父子致位宰相，弟侄甥婿皆大官，田园宅馆遍天下，库藏仓庾相望，巨艘大舶帆交番夷中，舆骑塞隘门巷。左右仆从皆佩于兔（虎）金符为万户、千户。累爵积资，气意自得"。朝廷竟给予印钞权，因事籍没，家破人亡。

《草木子》卷四说："元朝初，朱、张二万户，以通海运功，上宠之，诏赐钞印，令自造行用，自是富倍王室。及败，死于京，有赠以诗吊之"：

196

祸有胎兮福有基，谁人识破这危机。

酒酣吴地花方笑，梦断燕山草正肥。

敌国富来犹未足，全家破后始知非。

春风只有门前柳，依旧双双燕子飞。


官商结合，是古今中外政治腐败的通病，但是，官府明令私人印钞敛财，却极为罕见，这也算元朝一大特色。朱、张两富商也正是利用了大都城的特殊政治优势，得与中央权力核心相勾结，获得自家印钞敛财的特权。发财之后，骄奢淫逸，必遭天谴。


## 铁冶户

元代户籍制度中设有"铁冶户"名称。这是元朝初年，大都郊区一大批专门为制造军器冶铁的民户。1245年，成吉思汗攻占金中都，复归称为燕京。建立行政管理机构。为支持军事扩张，在燕京南北以3万民户冶铁，设官管理，这些民户被称为铁冶户。王恽写有一篇《省罢铁冶户》奏稿，说得比较具体："窃见燕北、燕南（燕京南北）设立铁冶提举司大小一十七处，约用煽炼人户三万有余，周岁可煽课铁约一千六百余万（斤），自至元十三年，复立运司以来，至今官为支用本货，每岁约三五百万斤。况此时供给边用，虽所费浩大，尚不能支绝。为各处本货积垛数多，其窥立之人，用官司气力收买。其价不及一半"，因此，他认为"此事亏官损民"，建议只留必需铁冶户，其他遣散步为民，以应徭役。后来，随着元朝对全国的统一，大规模战争减少，军器需求相应减少，大都郊区铁冶户也减少了很多。

## 站户与急递铺兵

这也是元大都特殊的生活群体。站户，是元代户籍名称之一。站，即历史文献中常见的驿站，元代文献中也写为"站赤"（蒙语音译），或兼用汉、蒙语作"站驿"。元朝正式建立之前的蒙古汗国时期，为军事扩张，就开始建立驿站。元大都建成之后，金国普遍设立驿站。据至顺二年（1331 年）成书的《经世大典》统计，总计达 1500 多驿站（不包括西北诸汗国的驿站在内），构成以大都为中心的四通八达交通网。驿站分陆站和水站，陆站又分为马站、牛站、车站、步站、狗站等。

为维持驿站的正常运转，元朝签发一部分人户承担站役，这些人被称为站户。站户承担的站役大体是：陆站站户负责养马、牛等，水站站户则备舟船；马站出马夫，牛站出牛车和车夫；部分站则需向过往人员供应首思（蒙语音译，意为汤汁。此处指饮食份例）

站与站之间或五六十里或百余里，距离不等，繁忙程度也不一样。事繁者，站户多至二三千户，一般为百余户至数百户，少者则一二十户。站户可免4顷土地的地税。

与站户相互补的是急递铺兵。世祖忽必烈时，自上都开平至大都，设置急递站铺，快速传递官文书。每十里或十五里、二十五里设一铺，于各州县所管民户及漏籍户内签发铺兵。虽名为兵，实为民丁，不过按军兵管理而已，要求一昼夜急行四百里。急递铺兵免其差发。

驿站和急递铺都设官管理。当然有官就有腐败，再加事务的繁重，站户和铺兵困苦不堪。因此，至元二十年（1283年），大都官员上奏："初立急递铺时，取不能当差贫户，除其差发充当铺兵，又不敷者，于漏籍户内贴补。今富人规避差发，求充铺兵。乞择其富者，令充站户，站户之贫者，却充铺兵。"忽必烈准其奏，立为制度。

大都作为全国政治、经济文化的中心，驿站，急递事务之繁重可想而知。大都设有马站、牛站、骆驼站、步站，以及舟站（负责漕运）。这给大都人造成了极为沉重的负担。连《析津志》的作者，提到大都马步站时，也不得不哀叹：大都"供亿丛剧，驰传实繁。服役者，有罄家之忧。居贫者，有逃家之苦。无能伸诉，也云久矣。"因此，站户和铺兵逃亡的事，经常发生。以至到元朝末年，站赤严重败落，难于维持正常运转。大都的情况比较典型。据《析津志·大都东西馆马步站》

记载大都各站：

马站：初期有马 1037 匹、驴 20 头，至元末仅剩马 209 匹，驴 52 头。牛站：原有车 589 辆，仅剩 47 辆。

步站：原有车 194 辆，仅剩 65 剩。

此外，还有舟站、骆驼站、牛站等没有确切统计。

大都到底有多少站户，史书没有确载。但其中马站是最主要的，可以根据马站测算。据《元史·兵志四》记载，大江南北共有马站 913 处，驿马 31678 匹，平均每马站有马 34 匹多。以此平均值测算，大都有驿马 1037 匹，则应有近 30 处马站。每站事务繁简不一，多者一二千户，少则一二十户，因此，有的文献按平均每站 200 户计算。如果按照这个通常的计算方法，大都当有 6000 左右站户。每户按 4 口计算，当有 2 万多人。再加上牛站、步站、舟站等，大都的站户人口当在三四万左右。

对于站户来说，最为困苦的是养马。驿马有的是由官府购买，有的是驿站所在地区诸色户籍人口共同购买，也有的是站户合购，别管是哪种来源，都是由站户饲养。（一般是 4 户共养一匹马），马死要赔偿。因站役过于繁重或者生病等原因，驿马死亡事故经常发生。因此，很多站户倾家荡产。此外，还有数以万计的供皇家使役的马，也由大都郊区的农民喂养，也存在同样问题。这些挣扎在穷愁困苦境地的养马户，是元大都一个突出的社会问题。

## 养马户

这是元大都社会生活中的一个奇特现像。除前述作为站户的养马户，在大都郊区，还有大量为皇家养马的养马户。《元史·兵志三》说，"元起朔方，俗善骑射，因以弓马之利取天下"，所以，特别重视养马，设太仆寺，直隶中书省，管理皇家养马。自大都至上都，以及全国各地水草丰美之处，几乎都设养马场。"马之群，或千百，或三五十，左股烙以官印，号大印子马"，设官管理。这些马除供应军需、驿站外，要供应皇家祭祀所需乳酪的产乳马，以及皇帝出巡随从人员的乘骑。牧马人（饲马户）对马的生老病死负赔偿责任，"凡病死者三，则令牧人偿大牧马一，二则偿二岁马一，一则偿牧羊一，其无马者以羊、驼、牛折纳。"

大都郊区的养马户，在城北的昌平，城南的涿州、固安（今属河北）都有。据《元史》记载，武宗（1308-1311 年在位）时，大都饲马九万四千匹，文宗至顺二年（1331 年），京城饲马六万匹。当时，大都（含郊区）总共 14 万余户，养马户比例之大可想而知。马离开了水草丰美的草原，很容易得病或死亡，养马户常被赔偿弄得家破人亡，这是元大都的一个严重社会问题，

图 9　元人画观音大士
（中国台北故宫博物院藏）

引起了包括统治集团上层的普通关注。曾"累阶要官"的御史中丞马祖常在题为《六月七日至昌平赋养马户》的诗中，亟言其困苦：

> 马足与石斗，石齿啮马足。
> 足跛背生疮，突兀瘦见骨。
> 官家日有事，陆续使者出。
> 使者贵臣子，骑驰日逐毂。
> 驿吏报马毙，鞭挞寡妇哭。
> 寡妇养马户，前年夫死役。
> 占籍广川郡，有田种菽粟。
> 翁姑昔时在，城邑复有屋。
> 连岁水兼旱，洊饥罹不淑。
> 夫死翁姑亡，田屋尽质鬻。
> 寡妇自养马，远适雕窝谷。
> 绩纺无麻丝，头葆胫肤黑。
> 塞下藜苋少，空釜煮水泣。
> 驿吏鞭买马，磨笄向山石。
> 安得天雨金，马壮口有食！

马祖常的朋友、曾官任翰林学士承旨、集贤大学士兼太子谕德的许有壬，写过一首和诗，题为《养马户次同年马伯庸中丞韵，时尽夺驿地，马户益窘》，也诉其悲苦：

> 盛冬裘无完，丰岁食不足，
> 为民籍占驿，马骨犹我骨。
> 束刍与斗菽，皆自血汗出。
> 才释鹰师鞍，又服梵子毂。
> 边声或玄象，去马便可哭。
> 朝廷布政令，黎民供力役。
> 生儿甘作奴，养马愿饲粟。
> 源源急星火，全符出黄屋。
> 譬舟苟使覆，载物其能淑。
> 百年具成规，受他贫敢鬻。
> 采麦被阳阪，泰稌满寒谷。
> 圃蔬接畛青，树果屯云黑。
> 一朝化榛莽，坐使歌成泣。
> 我身非土梗，我马非铁石。
> 糊口有四方，从渠安传食！

### 军户

国家指定专门承担军役的人户，按元朝户籍制度称"军户"，其情况比较复杂。专服军役的蒙古人户被称

204

为蒙古军户和探马赤军户（从蒙古各部挑选组成的精锐先锋部队，战事结束，驻扎于所征服地区的人户），汉军户（从原金朝统治区签发服军役人户。当时这些人户按资产划分三等，汉军户主要是从中产户签发），新附军户（灭宋之后，搜集的南宋军人中带家属者的人户）。大都地区原属金朝，因此，元朝在这一带所签发的军户应属于汉军户。具体有多少，史籍缺乏明确记载。但据《元史·兵志一》，通惠河运粮兵920人，当属大都军户。另外，大都路屯田军兵有1万7千余名，虽未注明属哪种军户，但肯定有一部出自大都汉军户。

按照元朝的规定，军户必须出成年男子到军队服役，父死子替，兄亡弟代，世代相袭。军户的管理，自成体系，各种军户的管理办法也不尽相同。例如，对汉军户，设立奥鲁管理，奥鲁官一般由路府州县的次长官兼任。国家只发给士兵服装、口粮、食盐，兵器、马匹和其他费用均由家中负担。士兵的日常费用称为封装（椿）钱，每年由奥鲁官向军户收取，汇交中书省，然后按一定程序发放给有关军人。国家对军户有一定优待：四顷以内免征税粮；杂泛差役全免。在汉军户中推行正军户、贴军户制度，即二三户或三五户共出一军人。出军人户称为正军户，其他各户出钱津贴，称为贴军户。由于军人承担繁重义务，如打仗、施工等，日常费用非常多，军户的负担异常沉重，因此，倾家荡产的不少。再如奥鲁官等利用各种名义横征暴敛，迫使军户逃亡的不少，形成了严重的社会问题。元顺帝于至正五年（1345 年）不得不下令罢革奥鲁，军户制正式宣告破产。军户制给大都路民众带来的痛苦可想而知。

### 屯户

元朝户籍制度中也设有"屯户"，为笔者所拟。因为考虑人很多，应单独予以说明。大都作为元朝的都城，郊区大量土地被皇室直接占有，名为屯田。因此，安置大批民户来耕种，名为屯户，实际上是皇家佃户。这些屯田分别由枢密院、大司农司、宣徽院管理。屯户有军人（携家或不携家）、民人，产品供应皇室，实行半军事化管理，因此《元史》将这三种屯田都归于《兵志》。

### 枢密院所辖

枢密院是元朝"掌天下兵马机密之务"的中枢机构，"凡宫禁宿卫，边庭军翼，征守戍守，简阅差遣，举动转官，节制调度，无不由之。"其屯田在全国有多处，其中大都路有 8 处：左卫屯田，在永清县（在河北省中部），军 2000 名，田 1316 顷 16 亩；右卫屯田，全与左卫同；中卫屯田，在武清县（今天津市西）河西务等地，军2000名，田1037顷82亩；前卫屯田，在涿州、霸州（今河北霸县）等地，军2000名，田1000顷；后卫屯田，在昌平之太平庄，军2000名，田1428顷14亩；武卫屯田，在涿州、霸州等地，军3000名，田1804顷45亩；左翼屯田万户府，在霸州等地，军2511名，田1399顷52亩；右翼屯田万户府，在武清县1540人，田699顷50亩。合计军兵17051人，田8901顷85亩。

## 大司农司所辖

大司农司，管理功课农桑、水利、乡学、义仓等事的中央官署，"凡农桑、水利、学校、饥荒之事悉掌之。"其所管屯田也有多处，其中大都路有两处：永平屯田总管府，在滦州（今河北滦县），民3290户，田11614顷49亩；营田提举司，在武清县，军人、民户混杂，共2464户（名），田3502顷93亩。合计5754户，田15117顷42亩。

## 宣徽院所辖

宣徽院，"掌供玉食"，即掌管宫廷膳食供应，"凡稻粱牲牢酒醴蔬果庶品之物，燕享宗戚宾客之事，及诸卫宿卫、怯薛口粮食，蒙古万户、千户合纳差发，系官抽分，牧养孳畜，岁支刍草粟菽，羊马价值，收受阑遗等事，与尚食、尚药、尚酝三局，皆隶焉。其所管辖屯田也有多处，其中大都路有两处：丰润署，在丰润县（今河北唐山），民837户，田349顷；宝坻屯在宝城县（今河北唐山），民300户，田450顷，合计民1137户，田799顷。

据《元史》所记以上皇家在大都路屯田共占地24818顷27亩，共役使屯夫27564人（6891户，每户按4口计算），军兵17051人。这样看来，元大都郊区的土地大部分都为皇室所占有，很多农民都是皇家佃农。


**船户**

这是维持作为大都生命线的漕运的特殊人群。民以食为天。作为一二十万人口的大都会，吃粮是维持正常社会生活的头等大事，大都粮食主要依靠江南米粮漕运。因此，京城通惠河到通州连通南北大运河的漕运，就成了大都的生命线。元朝对此也是非常重视，设置专门机构，实行半军事化管理。户部内设京畿都漕运使司，秩三品，"掌凡漕运之事"，直属有新运粮提举司和通惠河运粮千户所，以及京师22仓。据《元史·河渠志》，京畿漕运司，所辖船夫1300余人，维护堤坝的坝夫730人。惠通河年解冻期240天。日运粮4600余石。

又设都漕运使司，秩三品，掌御河上下至直沽、河西务、李二寺、通州等处儧运粮斛，主管河西务，通州等45仓和30船纲。初步估算，大都管理漕运的官吏和仓丁有数千人。漕运至直沽，派1千镇遏军卫护。常年守护和巡防通惠的军兵1500人，每仓5名兵丁守护。

更重要的，船户是一个庞大的群体。据《元史·百官志一》记载，"每船二十只为一纲，船九万余只，运粮三百余万石，船户八千余户。"如果每船按4口之家计算，约有3万余人。曾为元朝高官的汉族文人王恽写过一首诗，题名《挽漕篇》，收录于《人海诗区》卷四，极写漕运之艰难，以及船户之苦难，悲苦之极，发出"不若被掠虏"（不如被掠虏为战俘和奴婢）的痛苦哀号。节录一段：

> 必资州县力，涩滞方可度。
>
> 漫村赶丁夫，所在沸官府。
>
> 先须刮流沙，推挽代篙舻。
>
> 硬拖泥水行，奚异罴荡弩。
>
> 涉寒瘯股胖，负重伤背膂。
>
> 咫尺远千里，跬步百举武。

兹焉幸得过，断流行复阻。

又须集牛车，陆递入前浦。

中间吏因缘，为弊不可数。

蛮梢贪如狼，总压暴于虎。

所经辄绎骚，不若被掠虏。

盼盼入海口，未免风浪鼓。

舟中一斛粟，百姓几辛苦？

今复起堰坝，壅积百方禦。

木石动万计，科配困氓伍。

同时代的贡师泰则写了题为《海漕歌》的组诗（也收录于《人海诗区》卷四），是从另一个角度，记述了船户们的艰难劳动和生活，选录其中四首：

黑面小郎棹三板，载取官人来大船。

日正中时先转柁，一时举手拜神天。

大星煌煌天欲明，黄旗上写总漕名。

愿得顺风三四日，蚤催春运于燕京。

大工驾柁如驾马，数人左右拽长牵。

万钧气力在我手，任渠雪浪来滔天。

碇手在船功最多，一人唱声百人和。

何事浅深偏记得？惯曾海上看风波。

210

## 阴阳户

是元代户籍中的名称。同时在元代文献上，也称为阴阳法师、阴阳人。《元典章》的《礼部·学校》门有"阴阳学"，说明当时有专门教授阴阳学的学校，但其学习科目与教师、生员情况缺载，因而很难对其确切定义，可能就是风水师和占卜、相师之类。至元二十七年（1290 年）诏"括天下阴阳户口，仍立各路教官，有精于艺者，岁贡各一人"（《元史·世祖本纪十三》）。成宗元贞元年（1295 年）"设各路阴阳教授，仍禁阴阳人不得游于诸王、驸马之门"（《元史·成宗本纪一》）。之后，由国家正式办学设教官培养阴阳人："世祖二十八年（1291 年）夏六月，始置诸路阴阳学。其在腹里、江南，若有阴阳之人，各路官司详加取勘，依儒学、医学之例，每路设教授以训诲之。其有术数精通者，每岁录呈省府，赴都试验，果有异能，则于司天台内许令近侍。延佑初，令阴阳人依儒医例，于路府州设教授一员，凡阴阳人皆管辖之，而上属于太史焉。"（《元史·选举志一》）。对于阴阳人，官府予以优待，凡有差发、军役、税粮，概免。阴阳人业精者服务于官府，也有的自由执业谋生。在《马可波罗行纪》第 106 章，专门对这些人作了记述，说：在大都"有星者、巫师约五千人，大汗亦赐全年衣食"，"其人惟在城中执业，不为他业"。他们往往根据天象作出各种预言，"例如，某月雷始发声，有风暴，某月地震，某月疾雷暴雨，某月疾病、死亡、战争、叛乱"。"设有某人欲经营一种大事业或远行经商，抑因他事而欲知其事之成败者，则往求此星者之一人"，以其诞生时和问卜时之天象，"夫然后预言其所谋之成败"。

《元史》上说这些阴阳户隶于太史，是因为太史院负责历书，当时的历书都原注明日期吉凶和活动方位的利害等。（这正是阴阳人所要做的）。而每年新历都由朝廷颁发。这是当时国家的一件大事。元人张昱《辇下曲》有诗写道：

授时历进当冬至，太史异官近御前。

御用粉笺题国字，帕黄封上榻西边。

当时，每年冬至，太史院呈进第二年新历，皇帝题字钦定。阴阳法师有可能乘此机会接近皇帝，所以《元史》上说，阴阳法师"许令近侍"。

### 乐户

是元代户籍中的正式名称。乐户是一批以乐舞等技艺供奉于宫廷的艺人。成吉思汗建立大蒙古汗国之后，学习历代汉族王朝宫廷仪制，以加强大汗威仪，于是，平定西夏后，征用西夏旧乐，将一批乐工搜罗至汗廷。窝阔台时期，令各处官民搜索亡金"知礼乐旧人"，连其家属徙赴东平。于燕京得亡金掌乐、掌礼92人，赴东平教授。时汉人宋子贞为参议东都路事兼提举太常礼乐，奏请窝阔台允准"作新庙，延前进士康晔、王若为教官，招致生徒几百人，出粟赡之，俾习经艺。"（见《元史·宋子贞传》）这是蒙古汗国以官府培养礼乐艺人的开始。

忽必烈夺取大汗，建立元朝，更加注重学习汉族宫廷礼仪制度。刚刚登上大汗位的忽必烈，于中统元年（1260年）春，即命重经召乐人至京师，举行祭祖仪式，得乐人149名。至元二年（1265年）"将有事于太庙，取大乐工于东平，预习仪礼"（《元史·世祖本纪三》）。翌年，各种乐器制作完备，召用东平乐工412人，后以道远，资粮费重，只留92户，余遣还。年底，"籍畿儒户三百八十四人为乐工"，到至元十三年（1276年）"以近能乐户多逃亡，令得四十有二，复征用东平乐工"（《元史·礼乐志三》）。至元二十二年（1285年）正月，"徙江南乐工八百家于京师。"（《元史·世祖本纪十》）。

从上述情况来看，大都乐户约一千四五百，按平均每户4口计算，约计五六千人。最初，这些乐户是免除差徭和赋税的，但到至元二十九年（1292年）八月，"敕礼乐户仍与军站、民户均输赋。"（《元史·世祖本纪十四》）。由此看来，国家所免者仅为乐工个人的差徭。以上这些，主要是指汉族乐工。此外，从成吉思汗时期开始，就召用西夏乐工（元代文献称为"河西乐人"），维吾尔等色目人乐工（元代文献称为"回回乐人"），共多少户，缺乏明确记载。两者加在一起，估计和汉族乐户差不多，或者稍少些。这样算起来，元大都供奉朝廷的乐户有二三千户，或者更多一些。

元朝设立专门机构管理这些乐工。礼部设仪凤司，秩正四品。"掌乐工、供奉、祭享之事"。其内设机构有五：云和署，"掌乐工调音律及部籍更番之事"；安和署（职掌与云和相同）；掌和署，"管领回回乐人"；天乐署，"管领河西乐人"；广乐库，"管乐器等物。"（《元史·百官志一》）

另外，"掌大礼乐、祭享宗庙社稷、封赠谥号等事"的太常礼仪院下设大乐署，"掌管礼生乐工四百七十九户"（《元史·百官志四》）。

这些乐工的人身没有什么自由，主要是供奉于朝廷，在各种朝政大典，以其"乐声雄伟而宏大"制造隆重庄严气氛，以显示帝王至高无尚的威严，使人"知九重大君之尊"。

元朝的礼乐有雅俗之分，"大抵其于祭祀，率用雅乐，朝会享燕，则用燕乐，盖雅俗兼用也。"具体来说，"皇帝即位、元正、天寿节及诸王、外国来朝，册立皇后、皇太子，群臣上尊号，进太皇太后、皇太后册宝，既郊庙礼成、群臣朝贺，皆如朝会之仪"，即用雅乐；"而大享宗王、赐宴大臣，犹用本俗之礼为多"，即用燕（俗）乐。雅俗乐曲不同，前者庄重，后者欢乐。上述乐工两者都要参加，但后者，即燕（俗）乐也可召艺妓参加。

元人张昱《辇下曲》有诗记述宫廷燕乐活动的，也可以作为有关乐工的史料读：

> 西天法曲曼声长，璎珞垂衣称艳妆。
> 大宴殿中歌舞上，华严海会庆君王。

## 妓女

不列人元代正式户籍。但在大都有很多'妓女'。历代封建王朝的都城都有妓女，元大都当然也不例外。这些失去人尊严的年轻女性，被排除社会良人之外，所以不能正式列人户籍。有的历史文献将她们列入"乐户"，但这不符合元代情况。在元代，乐户是由国家办学培养的乐工，参加朝正大礼等礼仪活动。由礼部仪凤司管理。妓女不能参加国家正式大典，只能参加一些宴乐等非正式活动。在行政管理上严格分为两系统，由教坊负责。她们本身没有社会地位，但她们的活动对城市社会生活有着重要影响。官方文献一般是回避记载的，但当时的外国人无所忌讳，《马可波罗行记》第96章《汗八里城之贸易发达户口繁盛》作了记述，"凡卖笑妇女，不居城内，皆居附郭。因附郭之中外国人甚众，所以此辈娼妓为数亦伙，计有二万有余，皆能以缠头自给，可以想见居民之众。"在注释中，冯承钧译注者引用剌木学本（本书改写本）作了较详细的说明："新旧城附郭娼妓之数有二万五千，由一官吏总管，别设下级官吏，管理娼妓百人、千人，皆总隶于主管者之一人。至设置此总管之理由，则因诸外来使臣之来朝大汗者，应厚为款待。此总管每夜应供给使臣及其随从人员每人娼妓一人，夜夜更易，不取夜宿之资，是即娼妓缴纳大汗之税金。"

这些妓女的来源，一是战俘，二是犯罪被没籍，三是买卖。战俘或被没籍，被迫为娼，是政治牺牲品。被卖入娼家的则是因为家庭贫困，这在元大都是一种普遍社会现象，大量卖娼买娼，不仅败坏了社会风气，也影响了社会安定，因而国家最高权力机关不得不明令禁止。大都刚刚建成不久的至元十七年（1280年）七月，中书省（总揽中央六部政务，为中央政权中枢）就发布明令：今后赎买典雇良人为娼，卖主、买主、引领牙保人等依例断罪。从这个命令看，当时逼良为娼手段有多种，有公开买卖（有卖身契），有赎买（即将一定身价给奴婢主人，为其赎身，变为己之奴婢），有典买（买卖双方约定一定期限，到期时卖方可备价赎买），有雇佣（没有人身买卖契约，花钱雇佣），形式不一而足，实质都是逼良为娼。这说明当时元大都的买娼卖娼已经相当严重，朝廷才不得不出面干预。但其社会根源是贫富两极分化严重，这个根源不可能根绝，这个禁令也只能是一纸空文。

由于妓女很多，元朝在礼部设教坊司加以管理。妓女分两种，一种是官妓，由教坊司登记造册，都是色艺双全佳丽，她们要随时听候差遣，陪侍官署的各种宴乐活动；另一种是私娼，教坊司不登记造册，由娼馆向国家交税。

官妓要弃娼从良，要经过教坊司批准除去娼籍，变为良人。《辍耕录》卷二十二记载了姚燧除妓为良，嫁小吏为妻的真实故事："姚文公燧为翰林学士承旨日，玉堂设宴，歌妓罗列中有一人秀丽娴雅，微操闽音。公使来前问其履历，初不以实对。叩之，再泣而诉曰：

'妾乃建宁人氏，真西山之后也。父官朔方时，禄薄以给，侵贷公帑无偿，遂卖入娼家，流落到此。'公命之坐，乃遣使诣丞相三宝努，请为落籍。丞相素敬公，意公欲以侍巾栉，即令教坊检籍除之。公得报，语一小吏（黄琳，后显官者）曰：'我以此女为汝妻，女即以我为父也。'吏忻然，从命。京师之人相传以为盛事。"

有人还写了一首长诗，记述这个故事，其中有一段是以该女口吻述其身世："妾本建宁女，远出西山翁；父母生妾时，谓是金母童。梨花锁院落，燕子窥帘拢。迢迢官朔方，位卑食不充。侵贷国有刑，桎梏加父躬。鬻女以自赎，白璧沉泥中。秋娘教歌舞，屡入明光宫。永为娼家妇，遂属梨园工。京华多少年，门外听青骢。"这个故事说明，元大都因贫困卖女为娼的事很普遍，禁令形同虚设。一旦落入娼籍，除籍非常困难。此女除娼籍嫁良人是件稀奇事，所以传遍京城。

娼妓在元代社会地位低下，倍受歧视。不准与良家通婚。有孕必须用药物堕胎。日常生活，例如服饰等，都有卑贱标示。例如，"娼家出入，止服皂褙子，不得乘坐车马。"（《元史·舆服志一》）。"娼妓穿着紫皂衫子，戴着冠儿，娼妓之家长并亲属男子，裹青头巾。"（《元典章》卷二十九《娼妓服色》）"至元五年（1339年），"禁倡优盛服，许男子裹青巾，妇人服紫衣，不许

218

戴笠、乘马。"（《元史·顺帝本纪三》）这说明，元代妓女只能穿紫衣，皂（黑）褙子（即上衣外罩坎肩之类）。男要裹青头巾，青即绿色，即绿头巾。旧社会称妻与他人苟合的男人为戴绿帽，即源于此。不许戴笠乘马。因为这是蒙古习俗，从皇帝到官员等，经常是戴笠骑马。元朝所以作这些规定，是使之作为标示，使人一望便知，贱视之。

## 伶人

即艺人，元大都城市经济发达，又集中各类人材，因而城市文艺生活很活跃，出现了一批以歌舞、演剧、说唱维持生活的人，其中尤其以杂剧最为活跃。这些艺人，元代称为"伶人"。一些不愿充当胥吏，又想施展才能的文人，以满腔热情加入剧作家行列，出现了关汉卿、马致远、郑光祖、白朴等一大批在元大都社会生活中有重大影响的杂剧作家，又有一大批色艺双佳的演员和辅助人员，形成了一个自成行业的群体。其中，女演员都属在籍官妓，所以管理伶人与管理妓女的中央机构都是礼部下设的教坊司，其职责是"掌承应乐人及管领兴和等署五百户"。其下设兴和署、祥和署、广乐库。所说管领五百户，不是指人户，而是指演出团体五百个，说明当时大都伶人至少有几千人；所谓"承应乐人"，即官府艺妓，遇官府有宴乐活动，她们以乐舞助兴。首先，是皇宫的宴乐活动，他们要演出。元代著名诗人杨维帧《宫辞十二首》中有一首就是写这种活动的：

开国遗音乐府传，白翎飞上十二弦。

大金优谏关卿在，伊君扶汤进剧篇。


研究元代宫廷史和文学史的人，一般都认为这是写著名杂剧作家关汉卿的杂剧班子在宫廷演出。所谓"开国遗音乐府传"，是说这是蒙元王朝的传统，据记载正式建立元朝之前蒙古族生活的《蒙鞑备录》记载，汗王出征，"亦以女乐随行"，即携带一批随军歌舞艺人，在与宋军作战时，也经常虏掠艺人，或直接向宋朝索要，据记载，有一次就索要150余家各种艺人，并由宋朝派人押送蒙古军营交付。正式建立元朝以后，依然继承这个传统，大都皇宫每有宴乐，必命这些艺人演出。贵族宫宦之家，宴乐时，也召这些伶人"承应"，这是当时官场的风气。时人多有诗文记其事。张昱《辇下曲》中有首诗就写得很生动：

枢密院家家赐宴，金符三品事奔趋。

教坊白马驮身后，光禄红箫送酒车。

这是写官府（枢密院长官家）召教坊司所管理的官妓助宴乐之兴的。

这些艺妓除"承应"官府之外，也经常到歌楼酒肆或富商大贾之家献艺，以赚生活费用。有时也在一定的场地作公开商业性演出。因而，成就了一批色艺双绝的名妓。仅《辍耕录》卷十九、卷二十所记载的就有好几个。例如，连枝秀，"京师教坊官妓枝秀，姓孙氏，盖以色事人者，年四十余，因投礼逸士风高老为师而主教者"。她年轻时是一名演员，后来年纪大了，拜师学艺，成为同行教师。有人撰文称赞她年轻时名动大都："京城第一部教坊，占排场，曾使万人喝彩。"（当时还有一些讽刺妓女的语言）"万人喝彩"，当然是公共场所演出的场面；又如，珠帘秀，"歌儿珠帘秀，姓朱氏，姿容珠丽，杂剧当今独步。"曾有人写小曲赞美："锦织江边翠珠，绒穿海上明珠，月淡时，清风处，都隔断落红尘土，一片闲情任捲舒，挂尽朝云暮雨。"这是以珠帘喻人，写其人清高。反映了当时社会上对名妓艺人还是比较尊重的，没有因为其社会地位低下而鄙视。再如，"歌妓顺时秀，姓郭氏，性资聪敏，色艺超绝，教坊之白眉（同类人中之杰出者）也。"当时的艺妓，习惯以"××秀"为艺名（真名隐去，不为人所知）。顺时秀名满说城，朝野倾动。张昱《辇下曲》中有一首就是专门写她的：

> 教坊女乐顺时秀，岂独歌传天下名。
>
> 意态由来看不足，揭帘半面已倾城。

看起来这不仅是一名歌唱家，而且是一名技艺超伦的表演艺术家。她不仅歌喉动人，而且气质迷人，刚一出场，观众即为之倾倒——"揭帘半面已倾城"。

但是，制度并不给她们特殊的优待，要想脱离教坊籍（除去妓女身份）是相当困难的，年老色衰，和其他妓女一样，悲凉凄苦的晚年，是其必然的人生归宿。

### 驱口

处于元大都社会最底层的群体是驱口（奴婢）。他们被视为会说话的牲口，主人的私有财产，当然不被列入户籍。"驱口"一词，最早出现在金代，就大都而言，其前身金中都就有不少驱口。元初在军事征伐中，虏掠了不少人口，被皇室、诸王贵族没为家奴，这便是元大都驱口的来历。元人陶宗仪《辍耕录》卷十七《奴婢》一文对此作了简要说明："今蒙古、色目人之臧获，男曰'奴'，女曰'婢'，总曰'驱口'。盖国初平定诸国，日以俘到男女匹配为夫妇，而所生子孙永为奴婢。又有曰'红契'买到者，则其元（原）主转卖于人，立券投税者是也。"

驱口与民的区别，主要在于：驱口没有人身自由，在主人驱使下从事各种劳动，被视为会说话的牛马，生杀操之于主人之手，不列入国家编户，没有向国家缴纳赋税的义务，当然也得不到国家法律的保护。他们劳动创造的财富，和他们的人身一样，都属于主人。民，即通常所说的良民，有正式户籍，就是历史典籍中所说编民，他们有人身自由，有向国家缴纳赋税的义务，当然也受到国家相应的法律保护。

元大都作为诸王贵族集中的京城，驱口肯定是很多的，但因为其不列入国家编户，缺乏统计（也无法统计），历史典籍上没有确切记载。其来源大体有几个方面，主要是战俘。元朝是以武力夺取天下，每次战争都会获得大批战俘。他们就成为诸王贵族的奴隶。由于这些驱口不服国家劳役，不向国家缴纳赋税，影响国家财政，所以，窝阔台时期，就限制掠夺驱口，甚至采取行政命令"复籍诸王大臣所俘男女为民"。后来蒙哥汗、忽必烈等也多次发布有关诏令，有时甚至国家花钱赎买驱口使之为民，例如，《元史》记载，至元二年（1265年），忽必烈命将征南宋时所俘 93 口，官赎为民。但在实际生活中虏掠驱口的事还是大量存在。至元八年

（1271年），正式颁行户籍制度，情况虽然有所好转，但驱口还是大量存在，特别是在大都。元朝立国之后，反抗不断，战事连年，有不少战俘变身为奴。

此外，一些豪势之家以权势强逼编民为奴。元大都建成三四十年以后，情况仍然相当严重，例如，至大二年（1309年），朝廷得到奏报："其富室有蔽占王民奴使之者，动辄百千家，有多至万家者"；另外，买卖也是驱口的重要来源，虽然法律禁止买卖人口，但实际生活中大量存在。不仅汉族就连贫困蒙古也卖儿卖女为奴婢，例如，延佑四年（1317年），仁宗为此谕令大臣："比闻蒙古诸部困乏，往往鬻子女于民家为婢仆，其命有司赎之还各部。"（《元史·仁宗本纪三》）说明情况很严重，否则不会引起皇帝的关注；因罪没籍也是常见的变良为奴的方式，即将罪大没籍的罪犯，妻子儿女等陷身为奴；更普遍的是变相买卖，例如典雇，名义上因为生活所迫将妻子儿女典与他人，实际上是卖其人身，或者名义上雇佣（签订雇佣合同），实际上卖身为奴。还有的是以娶妻纳妾或过继、收养儿女为名，买卖奴婢。总之，五花八门，各种形式、手段都有。这种变相买卖奴婢在大都非常普遍。

当时的一位高官王恽写过一篇《为典雇身良人限满折庸事状》的"调查报告"："窃见在都贫难小民，或因事故，往往于有力之家典身为隶，如长春一宫约三十余人。原约已满，无可偿主，致有父子夫妇出限数年，身执贱役，不能出离。又有亲生男女，诡名典嫁，其实货卖。此又大伤风化，甚不可长，其典雇身人，如原限已满，无财可赎者，今后合无照依旧例，令限外为始，以日折庸，准算原钱使之出离。其或典数口内有身故者，除其死者一分之价，至于愿求衣食者听外，据典价不实者乞严行禁止。如此不致以久成俗，而雇身者免转民为贱。混淆无别，不然迷失门户，耽误差役，深为未便，合行举呈"。

这当然是一篇官样文章，不可能在实际社会生活中起到什么作用，不过它透露的元大都蓄奴成风的社会情况，有助于我们研究元大都的历史、当时的长春宫（白云观前身）就买有 30 个奴婢。当时大都有寺观百余座，其情况可想而知，更何况那么多官宦之家，权势比寺观大得多，利用各种手段得来的奴婢要比寺观多得多。至元十九年（1282 年）籍没权臣阿合马，家口 7 千。绝大多数都是奴婢。以此为例估算，元大都的驱口至少几万人。

### 外来服劳役人群

这是大都城的一个庞大的特殊群体，他们不是大都居民，但常年生活在大都，在大都社会生活中是一道引人关注的风景线。他们就是被朝廷强行征调来的服役劳工，借用现代语言来说，是大都的外来人员（或称流动人口）。从元初开始建造大都到元朝末年大都城毁坏，数十年间，建宫屋、造官署、修寺庙、筑城墙等，年年都要大兴土木，从全国征调大批民工服劳役，经常是数万人之众。例如，据至元十八年（1281年）发中都、真定、顺天、河间、平滦等地二万八千人筑大都宫城。这些人干的牛马活，吃的猪狗食，死伤惨重。王恽写了题为《录役者语》的一组诗，描述他们的悲惨生活：

"十人供役二三回，困似车轮半道摧。眼底去留生死隔，争如先作陌头灰。"——这是其中的第一首，具有概述性质，诉说服劳役的人死伤惨重，繁重的劳役使人生不如死。

"一夫诅祭九魂知，护我南行尔亦归。惆怅桑乾河畔月，至今寒影惨无辉。"——这是记述的一个真实故事，同来服役的十个人，九个人都死了，活着的一个人带着九个冤魂回乡。生还的这个人在后来的一次劳役中也死去了。作者在诗注中记述了这个催人泪下的故事："或云：河南役夫既罢归，九者皆殁，其一负众骨而渡卢沟（即卢沟桥——引者）而祭曰：'今汝等既殁，我幸独全，抱汝骨以归。汝等有灵当佑我使与汝父母妻子行相见也。'其人前次范阳亦病死。"下面几首更是字字血，声声泪：

工无役鬼必勤民，万雉功成岁月因。
从古有庸三日止，未闻膏血化灰尘。
今春疫气是天灾，百日为期力尽能。
三尺席庵连雨夜，杵声才歇哭声来。
火中涣汗土中苏，却被车轰殒半途。
六月炎风一千里，大河南北看巢居。
病骸困苦自知休，叮嘱同行瘗故丘。
父母祗知安健在，计程今日到卢沟。
父来接子值同途，欲语渠侬涕泗俱。
昨日道边因困卧，不知今日有还无。
病躯甫瘥须扶护，趁伴贪程日夜奔。
大半殒遗多为此，故乡归去有残魂。
荡荡王城玉削裁，青山三面壮图开。
兴工计产能中止，狼籍春风一露台。
数口为家尚聚庐，一王经野古良图。
限期百日非为远，部后群工事太劬。

这一首诗，就是一幅惨不忍睹的大都风俗画，描述着这些强行征调来的劳役者的血泪生涯。

第三章

严重对立、难以共存的

两个社会

凡是有人类的地方就有矛盾。人类社会就是在矛盾斗争发展起来的。在封建社会，历代王朝的盛衰兴替，往往是社会矛盾的集中体现。一代王朝兴起，通常是政治比较清明，社会安定。之后，随着政权的逐步巩固和强化，吏治腐败，社会开始动荡，社会矛盾不断加深，形成对立。这时，如遇天灾或外敌入侵，或是统治集团内部争权斗争势难共存，就会引起社会矛盾的大爆炸。最后只能以改朝换代的方式缓解社会矛盾，一代王朝灭亡，一代王朝兴起，周而复始。元朝当然也逃脱不了这个铁的规律。和历代王朝相比较，元朝严重的社会矛盾，除吏治腐败之外，还有势成对立的民族矛盾，以至最终只能以覆灭的方式解决。大都作为当时全国政治、经济、文化的中心，集中体现了元朝的两大社会矛盾，形成长期对立，难以共存的两个社会。其结果是大都随着元朝的灭亡而毁废。

## 民族歧视，吏治腐败，造成严重对立的两个社会

元朝的民族歧视政策，造成民族矛盾和严重对立。元朝把治下人民按民族划分为蒙古人、色目人、汉人、南人四个等级。蒙古人当然是指成吉思汗统一蒙古草原时集合的各部（《辍耕录》说有七十二种，即七十二部落），色目人是指西域各部（《辍耕录》说包括西夏、回回、吐蕃等民族在内共三十一种），汉人包括中原地区南宋遗民，女真、契丹、高丽等（《辍耕录》说共八种），南人是指元朝最后统一的江南地区的南宋遗民。元朝统治者从政治、任用、刑罚、赋役等方方面面都对四等级人民作出不平等的政策法律规定。其核心是蒙元统治者对人口众多的汉族人民的歧视与压迫（原因是蒙元统治者始终对汉族存在严重疑畏心理。元代文献也将"汉人"写作"汉儿"，将"南人"写作"蛮子"。有时也将"汉儿""南人"混称"汉人"）元朝从政治上、法律上就规定这种民族的歧视和不平等。例如，《大元通制条格·蒙古人殴汉人》规定，"如蒙古人殴打汉儿人，不得还报"；规定汉人不准执弓箭打猎，不准聚众，违者处重刑，曾任礼部尚书等要职的色目人马祖常都认为这样做有些不太合适，他在《执弓矢禁例》中说："近承奉照会，该钦奉奏准禁约：汉人百人以上执弓箭打

围，处重刑；百人以下，流远方。微及一兔之获，罪各有差。窃谓作法有名，垂训无弊。且今日见行条例，已有禁汉人弓矢之科，又有禁诸人聚众之制，若复以上项打围处重刑等例，错综而网罗之，诚恐愚氓举足陷罪，难避易犯，实为可怜。而朝廷受禁人捕兽兔之名，尤为非美。"当然，这不过是一声怜悯的叹息，随风而逝。

国家权力的军政等要害部门，全部控制在蒙古人和色目人手中，汉人不得参与。即使一些官署不得不用一些汉人，也是处于被歧视和被奴役的地位。

经历了元朝灭亡的《草木子》作者叶子奇说，"元朝天下长官皆其国人（指蒙古人）是用，至于风纪之司又杜绝不用汉人、南人，宥密之机又绝不预闻矣"，又说，"天下治平之时，台省要官皆北人（指蒙古、色目人）为之，汉人、南人万中无一二。其得为者不过州县卑秩，盖亦仅有而绝无者也。后有纳粟、获功二途，富者往往以此求进（即纳粟买官），令之初行尚犹与之，及后之求之者众，亦绝不与南人。在都求仕者，北人目为腊鸡，至以相訾言后——盖腊鸡为南方馈北人之物也"。这是当时元大都的奇特社会风俗画——手提肩挑许多美味腊鸡的南人，千方百计向掌权的蒙古人、色目人送礼，却被人讥为"腊鸡"（暗寓南人黑、瘦）。

而处于大都社会最底的南人。即作为大都城普通居民的南人，都是元军灭宋掠获的战俘（多为贵族和官员）和奴隶（多为平民百姓，当时称为"驱口"。这些人处于大都社会的最下层，政治上受歧视，生活上饱受煎熬，精神上压抑痛苦。作为奴隶的驱口，过着牛马不如生活，被主人随意驱使和买卖。由于他们受到整个社会的卑视，很少进入文人的视野，因而有关的诗篇不多。而作为战俘的南宋官僚，虽然生活上有保证，衣食无忧，但政治上遭受歧视，精神上压抑痛苦，内心煎熬，度日如年。

《辍耕录》卷二十存有《宋幼主诗》一首，可见亡国被俘的南宋贵族官僚的心态：

> 寄语林和靖，梅花几度开。
> 黄金台下客，应是不归来。

宋幼主即被俘囚解大都的南宋小皇帝赵㬎。1276年（元至正十三年，南宋德祐二年），元军攻下南宋首都临安（今杭州市），主持国政的谢太后，携仅6岁的恭帝赵㬎递降表，被囚解大都。太皇太后谢太后被封为寿春郡夫人，赵㬎被封为瀛国公，算是给了点面子。但政治上的歧视压迫很厉害，忽必烈曾多次要杀掉这个小皇帝，几经踌躇后，虽然给他留了一条命，但把他发配到遥远而条件又艰险的西藏，跟大喇嘛学经念佛。多年后才让他回到大都。此诗当是他长大成人后抒发郁闷而作（有的史书说，与其同时被俘至大都、教授其琴艺和诗书十二年的侍臣汪元量，被忽必烈特准南归入道观，幼主心中悲苦，写此诗送行。时间当在被发配吐蕃前不久）。诗中"林和靖"，是指北宋诗人林逋（967-1028），他隐居西湖孤山，赏梅养鹤，终身不娶不仕，被称为"梅妻鹤子"，卒葬杭州西湖，谥"和靖先生"，墓为当地名胜。此句是委婉表达的故国之思。"黄金台"是大都名胜，此句是说诗人客居大都。此诗表达了诗人回乡无望，穷愁潦倒他乡的悲凉心情。《辍耕录》作者陶宗仪说："（此诗）宋幼主在京都所作也。始终二十字，含蓄无限凄戚意思。读之而不兴感者几稀。"

元代实行的民族四等级制，是严重歧视汉族的政策，也是元大都（同时也是元朝）社会矛盾的主要根源，在这种制度下，蒙古、色目人上层人物，不受监督和约束，有至高无上的特权，因而必然产生严重腐败。作为都城的大都，在这方面显得更为突出和强烈。

元朝官场的腐败在历史上是有名的，特别到了后期，巧立名目搜刮民财，公开买官卖官。官场犹如贸易市场。《草木子》卷四说："元朝末年，官贪吏污，始因蒙古、色目人罔然不知廉耻为何物。其问人讨钱各有名目，所属始参曰'拜见钱'，无事白要曰'撒花钱'，逢节曰'追节钱'，生辰曰'生日钱'，管事而索曰'常例钱'，送迎曰'人情钱'，勾追曰'赍发钱'，论诉曰'公事钱'，觅得钱多曰'得手'，除得州美曰好分地分，补得职近曰'好巢窟'。"已经是公开索要，不必遮遮掩掩。同时"台宪官皆谐价而得，往往至数千缗。及其公巡克以事势相渔猎而偿其值气以致"上下贿赂公行如市，荡然无复纪纲矣"，"肃政廉访司所至州县，各带库子价钞称银，殆同市道矣"。负责政纪监察的肃政廉访司到各地办理公务，公开按职分"价钞秤银"，以官职论价，俨然市场买卖。当时"廉访司公巡州县，每岁例用巡尉司弓兵、旗帜、金鼓迎送，其音节则二声鼓一声锣；起解杀人强盗亦用巡尉司金鼓，则用一声鼓一声锣。"有人写诗嘲讽：

> 解贼一金并一鼓，迎官两鼓一声锣。
>
> 金鼓看来都一样，官人与贼不争多。
>
> 丞相造假钞，舍人做强盗。
>
> 贾鲁要开河，搅得天下闹。

《草木子》记录的这两首诗通俗易懂，可能不是文人手笔而是民谣。"不争多"一句，是说官吏和盗贼差不多；"天下闹"，是说天下大乱，到处群起闹事，都是当时俗语。

在这种历史环境中，大都形成了两个社会。第一，是以帝王为首的蒙古和色目人高贵贵族，以及少数依附他们的富商大贾和宗教上层人士，几乎聚敛了全部社会财富，过着奢华糜烂生活，第二，是作为社会主要群体的劳动群众则贫无立锥之地，衣不蔽体，食不果腹。贫富两极分化造成严重对立的两个社会。时人胡助的一首诗，对此作了形象描述：

> 富馔有臭肉，贫衣无完襕。
> 贩夫逐微末，泥苍穿幽深。
> 负戴日呼叫，百种闻异音。
> 马流争决拾，曝藏比乾薪。
> 苦乐谅习惯，贫富何由均。

胡助的这首诗，像是元大都社会生活的素描画：富贵人家酒肉臭，贫贱之人衣不蔽体。小商小贩为追逐蝇头小利，走街串巷，（"泥巷穿幽深"），南腔北调高声叫卖（"百种闻异音"）。蒙古官员、军士都骑马。所以街市马很多，到处都是马粪（"马流"），贫苦人家争拾马粪，晒干当柴烧。这就是元大都众生相的速写，今天读来仍然历历在目。

237

## 元大都两大社会矛盾的一次大爆发
### ——阿合马被杀事件

社会矛盾如果不设法疏导和解决，必然会越积累越多，越尖锐激烈，最终总会以某种形式爆发出来。元大都建成不久，就出现了一次震动全社会的社会矛盾大爆发，这就是元代历史上著名阿合马被杀事件。

至元十九年（1282年）的暮春三月，大都城已是万柳飘絮。元世祖忽必烈已出巡上都。一天夜里，突然火光照耀，杀声震天，沉睡中的大都城犹如发生了天崩地裂的大地震。天明，惊恐不安的大都人听说总理朝政的平章政事阿合马被人杀死。不多时，人们奔走相告，弹冠相庆，呼朋唤友，痛饮欢呼，全城的酒很快被抢光。大都呈现出难得的节日狂欢——因为人们早已经恨透了阿合马。

阿合马（？—1282年。回回人，色目人之一种），时任"总天下之政"的中书省平章政事（主管官），他专权二十年，肆无忌惮地掠夺民间大量田产和财富，草菅人命，奸淫民女，无恶不作。受害最深的大都人对他恨之入骨，又无可奈何。山东汉人王著等经过长期筹划，在一天夜里，佯称随忽必烈巡行上都的太子真金返京，赚开城门，将阿合马及其少数留京死党杀死。之后，又引发了大都城一场政治大追杀。忽必烈处死了王著，也追查阿合马罪行，将其家属和余党几千人捕杀。对这个大都历史上，也是元代历史上的著名政治事件，《元史》《马可波罗行记》和许多历史文献都有记述。事件发生后第二年成书的《心史》记有比较具体的历史细节，令人能领略到当时情景。

特转录如下：

> 忽必烈有权臣曰'阿合马'，回回人也。为伪平章，久擅鞑人一国官职财赋之权，苟赵货利，杀害良善，多夺人之美妻艳女，鞑之内外上下皆以为苦，独忽必烈信任焉。有子四十余人，半有职权，窟宅七十余所，分置子女妻妾。江南内外宝物俱半匿聚其家。拔都自僭建宫殿于回回地面，暗通结阿合马将谋响应，兴兵夺忽必烈之国。阿合马命其子亦掌兵权。伪平章张菌深疑阿合马数子皆据重权，今令子更据兵权，意不良。与其党王著谋，著勇不顾身，析弃妻子、密用术治。以忽必烈之子真金归幽州，急呼阿合马至。著持金瓜槌，竟捶死在地。军民共分脔阿合马之肉而食。贫人亦莫不典衣歌饮相庆。燕市酒之日俱空。阿合马之党矫忽必烈命杀张菌、王著等。

暨忽必烈知矫命，妄杀忠良蔓及别酋，死者几百人。籍阿合马家生南珠一千八百余石，蓄马千余匹，家口七千余人，并分徒入诸酋家为奴婢，诸子皆斩剐剥皮，尽拘，呼市犬，令食其肉。仍各籍其家，其妻妾、奴婢亦分徒入诸酋家为奴婢，且根党类枝蔓无辜，打勘索钞犹未已。

对于阿合马的被诛杀，不仅长期遭受民族歧视、压迫的普通大都汉族群众额手称庆，就连朝廷良心未泯的高官，也无不拍手称快。曾任翰林待制、监察御史的王恽，奋笔写下《义侠行》，高歌王著为义侠。为此，他在序中特别作了说明：

予为王著作剑歌行，继更曰义侠或询其所以，因为之解曰：'彼恶贯盈祸及天下，大臣当言天吏得以显戮。而著处心积虑，一旦以计杀之，快则快矣，终非正理。夫以匹夫之微，窃杀生之柄，岂非暴豪耶，不谓之侠可乎。然大奸大恶，凡民冈不怼。又以春秋法论，乱臣贼子人人得而诛之，不以义与之可乎。又且以游侠言，古今若是者不数人，如让之，止报己私。轲之劓躯无成，较以此举于寻常万万也。凡人临小利害，尚且顾父母念妻子，虑一发不当，且致后患。著之心，孰谓不及此哉。然所以略不顾藉者，正以义激于衷，而奋捐一身为轻，为天下除害为重，足见天之降衷仁人义士，有不得自私而已者。此著之心也。何以明之？事既露，著不去，自缚诣司败，以至临命气不少挫，而视死如归，诚杀身成名，季路仇牧死而不悔者也。故以'剑歌'易而为'义侠'云。著字子明，益都人，少沈毅有胆气，轻财重义，不屑小节。尝为吏，不乐，去而从军。后与妖僧高比行。假千夫长，归有此举。死年二十九，时至元十九年壬午岁三月十七日丁丑夜也。

其诗也写得慷慨激昂：

君不见，悲风萧萧易水寒，荆轲西去不复还。

狂图祇与蝥蛛靡，至今恨骨埋秦关。

又不见，豫让义所激，漆身吞炭人不识，剚躯止酬一己怨，三制襄衣竟何益，超今冠古无与俦，堂堂义烈王青州。

午年辰月丁丑夜，汉允策秘通神谋，春坊

代作鲁两观。

卯魄已褫曾夷酋，袖中金锤斩马剑，谈笑馘取奸臣头。

九重天子为动色，万命拔出颠崖幽，陂陀燕血济时雨，一洗六合妖氛收。

丈夫百年等一死，死得其所鸿毛輶。我知精诚耿不灭，白虹贯日霜横秋。

潮头不作子胥怒，地下当与龙逢游。长歌落笔增慨慷，觉我发竖寒飕飂。

灯前山鬼忽悲啸，铁面御史君其羞。


## 元大都在激烈的社会矛盾中变成瓦砾场

有着严重矛盾对立的元大都社会，实际上形成了两个世界。一个是蒙古和色目人贵族世界，穷奢极欲，挥霍了绝大部分社会财富，一个是以汉族为主体（包括其他民族中一些最低层的人群）的世界，他们政治上遭歧视压迫，生活上饥寒交迫，到了绝望地步。矛盾不断加深和激化，从而产生仇视和毁灭社会的心理，形成社会的狂风恶浪，最后一起灭亡。

元朝末年，蒙古族权臣伯颜（？—1340）任中书右丞相，进太师，再晋封秦王，专权自恣，极为仇视汉人、南人，严禁南人、汉人执军器，并进行严厉镇压，并掳掠江南美女，主张尽杀张、王、刘、李、赵五姓汉人。顺帝至元六年（1340），乘他出猎之机，权臣脱脱（1314—1355）发动政变，将其革职，流放岭南道江西（蒙古人畏惧江南炎热），死于一座佛寺中，许多南人听说后，奔走相庆，有人题诗：

> 人臣位极更封王，欲逞聪明乱旧章。
> 一死有谁为孝子，九泉无面见先王。
> 辅秦应已如商鞅，辞汉终难及子房。
> 虎视南人如草芥，天道遗臭在南荒。

《草木子》卷四在诗后加注说明，伯颜曾颁布命令，北人殴打南人不许还手，同时要搜尽南方美女，造成江南社会恐慌动乱。所以诗中特别点出他"虎视南人如草芥"，老天爷偏要他死在江南荒凉地——"天道遗臭在南荒"。从中可以了解到，当时汉族与蒙古和色目人高官集团的严重民族矛盾，已经到了互相仇视，不共戴天，不能共存的程度。

《辍耕录》卷二十二录元朝末年在大都流传的一首

《醉太平小令》，深刻揭露了当时社会矛盾已经到公开对抗、你死我活的程度：

堂堂大元，奸佞专权，开河变钞祸根源。惹红巾万千，官法滥，刑法重，黎民怨。人吃人，钞买钞，何曾见，贼做官，官做贼，混愚贤，哀哉可怜！

陶宗仪在跋语中指出，这曲小令"不知谁所造，自京师以至江南，人人能道之"，"此数语切中时病。"可见，元末的大都和全国一样，深刻、激烈的社会矛盾，已经是火山待喷了。

解决社会矛盾的最后手段是战争。元朝末年，皇宫里争权夺势你死我活，全国性的农民大起义烽火连天。大都，成了狂风恶浪中一条千疮百孔的小船，时刻都有倾覆的危险。至正二十八年（1368年）七月底，元顺帝携后妃、太子、公主、臣僚自健德门出城，北逃上都。八月初二（1368年9月14日），徐达率明军攻陷大都齐化门，由此入城。传说朱元璋给徐达下秘旨，令他烧毁元朝皇宫。辉煌壮丽的大都城遂化为一片灰烬，昔日繁华的街市变成瓦砾场。明太祖将大都改名为北平。